AF573076

Wer zu Goethes Zeiten nach Italien reiste, suchte Augenlust, nicht Gaumenschmaus. Über Jahrhunderte hinweg galt die italienische Küche den Besuchern aus dem Norden als ungenießbar und gesundheitsschädlich: Maccaroni? Ekles Wurmgewinde! Pizza? Unverdauliches Fladenbrot! Und gar Meerspinnen oder Polypen? Pfui, wer kann so etwas essen wollen! Lang hat es gedauert, bis Neugier den fremden Geschmack zum vertrauten werden ließ.

Dieter Richter erzählt – kulinarisch und wie immer mit großer Kennerschaft – die Kulturgeschichte einer Begegnung: wie die italienische Küche in den Norden kam. Von Goethes Italienreise bis zur Mittelmeerdiät.

Dieter Richter

Con gusto

Die kulinarische Geschichte der Italiensehnsucht

Verlag Klaus Wagenbach Berlin

Einleitung

Nel mondo c'è più Sud che Nord
(Erri De Luca, *Pianoterra*, 2018)

Dieses Buch erzählt die Geschichte einer Begegnung: der Begegnung mit der Küche Italiens in den Ländern nördlich der Alpen. Es beginnt daher dort, wo diese Begegnung zum ersten Mal Gestalt annahm: bei der Geschichte der Reise in den Süden. Die klassische Italienreise, die Grand Tour, die seit dem 17. Jahrhundert eine wachsende Zahl von Reisenden über die Alpen in den Süden führte, mochte Bildungsprogramm oder Kunststudium gewesen sein, Abenteuer oder Zeitvertreib: dem fremden Geschmack gegenüber verhielt sich die Mehrzahl der Reisenden resistent. Über Jahrhunderte hinweg galt die italienische Küche den Besuchern aus dem Norden als ungenießbar und gesundheitsschädlich. Befremdet reagierten sie auf das Angebot in den einheimischen Trattorien, irritiert standen sie vor den Verkaufsständen der Maccaroniköche und Pizzabäcker auf den Straßen. Wer kann denn so etwas essen wollen! Die klassische Italienreise war Augenlust, nicht Gaumenschmaus. Und die Berichte der Reisenden spiegeln die Geschichte eines gastronomisch gespaltenen Europa, dominiert von unterschiedlichen Kulturen und Gewohnheiten des Essens und des Trinkens, reflektieren damit zugleich Erfahrungen der Auseinandersetzung mit einem Fremden, das inzwischen längst im Alltag angekommen ist. Und sie summieren sich, mit dieser Perspektive gelesen, zu einer kulinarischen Geschichte der Italienischen Reise.

Es hat sehr lange gedauert, bis der fremde Geschmack zum scheinbar vertrauten wurde, italienische Gerichte die Speisekarten und die Straßen im Norden eroberten, italienische Lokale selbst in Dorfwirtschaften auf dem Land Fuß fassen konnten. Davon handelt der zweite Teil.

War der erste einer Bewegung von Norden nach Süden gefolgt, so nimmt der zweite die gegenteilige Perspektive ein. Er spürt den Wegen eines gastrokulturellen Transfers in umgekehrter Richtung nach. Auch hier geht es um Begegnungen, auch hier standen Wanderbewegungen am Anfang. Ambulante Händler und Arbeitsmigranten brachten bereits in der frühen Neuzeit die Kultur der Zitrusfrüchte und deren bittere Süße in den Norden, veränderten damit angestammte Geschmacksvorlieben. In der Zeit vor dem Ersten Weltkrieg folgten die ambulanten Eismacher aus den Dolomiten, brachten Italien auf die Zunge und revolutionierten mit der Kultur der Eisdielen das deutsche Wirtshauswesen. Mit seinen globalen Migrationsbewegungen und dem aufkommenden Massentourismus leitet das 20. Jahrhundert eine Entwicklung ein, die bis heute anhält und zum Siegeszug des einstmals verpönten Essens geführt hat, weit über Europa hinaus. Dabei liegen die Zeiten noch gar nicht so lange zurück, in denen Reiseführer Begriffe wie *ravioli* oder *mozzarella* erklären mussten oder Anleitungen zum Verzehr von Spaghetti gaben. Innerhalb von nur zwei Generationen hat die *cucina italiana* die kulinarische Kultur grundlegend verändert. In der Rangfolge der ausländischen Restaurants nimmt sie heute den ersten Platz ein, sie spielt eine wichtige Rolle in der häuslichen Küche, sie dominiert die Kultur der Schnellimbisse, des Streetfood und des Catering, hat aber auch längst die gehobene Küche in ihren Bann gezogen. Die Gründe dafür sind vielfältig. In ihrer populären Rezeption als

›leichte‹ Küche korrespondiert sie perfekt mit gesellschaftlichen Veränderungen, die größerem Aufwand für Herstellung und Einnahme der täglichen Mahlzeiten abgeneigt sind und stattdessen das ›schnelle Essen‹ favorisieren. Sie gilt zudem als ›gesunde‹ Küche und kommt damit der gestiegenen Aufmerksamkeit entgegen, die Fragen der Ernährung und des körperlichen Wohlseins heute genießen. Schließlich findet sie Anklang bei Kindern, einer Zielgruppe, der heute größere Aufmerksamkeit gilt. *Pizza & Pasta* ist auf diese Weise zur gastronomischen Signatur der Moderne geworden, *dieta mediterranea* zur Zauberformel des guten Lebens.

Mit dem fremden Geschmack haben zugleich die Ideen und Wunschbilder des Südens Einzug gehalten, jetzt nicht mehr – wie seit den Tagen der Renaissance – als Privileg der Bildungselite, sondern zunehmend als Teil der Massenkultur. ›Italienisch essen‹ wird zum wichtigsten Element einer Meridionalisierung des Nordens, die auch Lebensstile, ästhetische Vorlieben und soziale Orientierungen einschließt. Im Wandel des Geschmacks wird ein kultureller Wandel sichtbar. Und er führt die Entstehungsbedingungen aller kulturellen Prozesse in besonderer Weise vor Augen: Begegnung und Austausch des Eigenen mit dem Fremden.

Austernhändler in Santa Lucia

Erster Teil

Die eigene und die fremde Zunge

Die kulinarische Geschichte
der Italienischen Reise

Ambulante Maccaroniköche

»*Widriges Olivenöl, bestialischer Makkaronifraß*«

Die kulinarischen Verdikte der Grand Tour

Übelriechend und ungesund: Olivenöl

Als der Konstanzer Gymnasiallehrer und heute längst vergessene Dichter Otto Kimmig 1896 von seiner Grand Tour nach Italien zurückkommt, ist er begeistert. *Kennst du das Land? Wander- und Wundertage in Italien und Sicilien* lautet sein hymnischer Reisebericht, mit dem er sich einreiht in die wachsende Schar der Italienschwärmer, die in den Gründerjahren das Land im Süden bereisten, Goethe im Sinn, den Baedeker in der Hand. Allerdings, so warnt das Vorwort, Italien entzünde zwar »ein heilig Feuer der Begeisterung«, der Deutsche müsse dort jedoch »sieben Kreuze« auf sich nehmen. Und er beginnt: »Da ist das erste Kreuz, die italienische Küche – zähes Fleisch, schlechte oder keine Butter, Öl und wieder Öl, Knoblauch über Knoblauch«.[1]

Der aus dem badischen Waldshut stammende Autor steht mit seiner Kritik keineswegs allein. Auch Reisenden aus vielleicht weniger geschätzten gastronomischen Regionen des Nordens erschien die italienische Küche über Jahrhunderte hinweg als ungenießbar und gesundheitsschädlich. Keine Rede von gastronomischen Offenbarungen der *cucina italiana*, gar von figur- und kreislauffreundlicher ›Mittelmeerdiät‹. Im Gegenteil: Nach Italien reisen bedeutete schlecht essen und die Gesundheit aufs Spiel setzen – so klingt es fast unisono aus zahllosen Reiseberichten, Tagebüchern und Briefen.

Vor allem das Olivenöl war den an tierische Fette, also Butter und Schmalz, gewöhnten Deutschen ein Graus.

»Ich fürchtete mich sehr vorm Oele
Womit man dort die Speisen würzt ...«

reimt der junge Friedrich Rückert aus dem fränkischen Schweinfurt, als sich die Postkutsche 1817 auf der Via Flaminia Rom nähert, und er erkundigt sich bei seinem Nachbarn über die örtlichen Gasthöfe und

»... ob er nicht einen mir empföhle
Wo man in die Gefahr nicht stürzt«.

Woraufhin der romkundige Mitreisende dem flotten Reimeschmied und künftigen Begründer der deutschen Orientwissenschaft den deutschen Gasthof von Roesler Franz in der Via Condotti empfiehlt, wo man

»... mit reinerem Geschmacke
Nur, das heißt öllos kocht und backt«.[2]

Mit »reinerem Geschmacke«, will sagen: Olivenöl verunreinige, verderbe die Speisen, ob es dabei um das Anbraten von Fleisch oder Fisch gehe, das Dünsten von Gemüsen, die Verwendung für Soßen und Süßspeisen oder eine der anderen, in Italien schier unendlichen Verwendungsformen für die Frucht des Ölbaums. Immer wieder wird Öl mit Begriffen wie »übelriechend« oder »unverdaulich« charakterisiert, es werde beim Erhitzen zäh und harzig und verderbe die Speisen durch seinen aufdringlichen widrigen Geschmack.[3] »Sechs Wochen Carlsbad gehören dazu, ehe ich all das Oliven-Oel wieder los bin«, klagt ein Reisender in einem Italien-Buch von 1882.[4] Und ein anderer, 1902: »Überall verfolgt mich der Ölgeruch und der Knoblauchduft, als wären die Italiener alle polnische Juden.«[5] Der Geruch aus der Küche wird zum nationalen Stereotyp, die

Nase wittert das Fremde, und neben dem immer wieder kritisierten Knoblauch war es vor allem das Olivenöl mit seinem kräftigen Eigengeschmack, das den an geschmacksarme tierische Fette gewöhnten Nordländern die Fremde zum Bewusstsein brachte. »Was kann ein deutscher Gaumen überhaupt von einer Küche erwarten, der die Butter und die Milch fehlt und die nur mit Öl, Knoblauch und Tomaten operiert«, fasst Victor Hehn aus Dorpat in seinem vielgelesenen Buch *Italien. Ansichten und Streiflichter* (1878) die deutschen Vorurteile zusammen. »Wenn ihn der Geruch nicht schon

Neapolitanische Knoblauchverkäufer

von ferne warnt, so wird ihm der erste Bissen verhängnisvoll werden«.[6]

Es war freilich keineswegs nur der deutsche Gaumen, der sich vor Öl und Knoblauch ekelte. Den Briten ging es ähnlich. »Überall in Italien kommt Öl und Knoblauch als Hauptbestandteil in jedes Essen«, klagt George Carpenter, Fellow der Royal Society.[7] Wie ein Kommentar dazu liest sich der Reisebericht der Londoner Salonniere Lady Anna Miller – in allen möglichen Variationen wird sie unterwegs bei Tisch mit dem »stinkenden Öl« (wie sie es gern nennt) konfrontiert. Bereits in Genua bemerkt sie über die Italiener: »Ihre dauernde Verwendung von Öl (das selten gut ist), manchmal sogar in ihren Suppen, ist uns äußerst widerwärtig (*extremely disgusting*)«. In Novi Ligure bekommt sie »ein sogenanntes Roastbeef, gebraten in stinkendem Öl«, in Pavia muss sie sehen, dass sogar Fisch in einer Sauce mit Öl angerichtet wird, und in Viterbo setzt man ihr eine in Öl gebratene Taube vor. In Rom endlich kann sie aufatmen. Sie steigt mit ihrem Mann in einem von Briten frequentierten Hotel an der Piazza di Spagna ab, in der »nach englischer Art« (*in the English style*) gekocht wird.[8]

Sogar einer populären medizinischen Diagnose hat die Oliophobie zur Entstehung verholfen: der ›Ölkrankheit‹. Als der aus dem Herzogtum Holstein stammende und an norddeutsche Kost gewöhnte niederdeutsche Dichter Klaus Groth den Winter 1895 auf Capri verbringt, klagt auch er in seinen Briefen in die Heimat immer wieder über die lokale Küche: Nichts, aber auch wirklich nichts könne man hier mit Appetit essen. »Dazu Durchfall, die Deutschen nennen es hier die Ölkrankheit«.[9] Sein Gastgeber, der Hamburger Maler Christian Wilhelm Allers, der auf der Insel eine Villa besaß, ließ daher regelmäßig holsteinische Butter nach Capri einführen, dazu Hamburger Räucheraal, Rauchfleisch, Schinken und Würste. Das Gästebuch der Villa dokumentiert immer wieder Festivitäten, in denen rund um solche (nord-)deutschen Spezialitäten der lokalen Ölküche genüsslich Paroli geboten wurde – von der »Belegten Butterbrotgesellschaft« über die »Heringssalatgesellschaft« bis zum »Bratwurstkartoffelfrühstück«.[10]

Auch Goethe hat am Golf von Neapel vermutlich an dem gelitten, was hier die ›Ölkrankheit‹ heißt. Kurz nach Ankunft in der Stadt notierte er, wie immer äußerst diskret in körperlichen Dingen: »Gestern bracht' ich den Tag in Ruhe zu um eine kleine körperliche Unbequemlichkeit erst abzuwarten«.[11] Ähnlich erging es 1795 Louise von Anhalt-Dessau, ebenfalls unmittelbar nach Ankunft.[12] Gerade Neapel war bei Reisenden gefürchtet wegen der dort fast obligatorisch auftretenden Infektionen im Magen-Darm-Bereich, »der halbe Morgen ging mit Brechen hin, denn diess ist in Neapel eine Notwendigkeit, sobald man in dieser Jahreszeit von Rom kömmt«, bemerkt 1785 der thüringische Theologe Friedrich Münter in seinem Tagebuch.[13] Die Reiseführer warnten: Neapel sei geradezu »berühmt« für seine Diarrhöen, heißt es in Ernst Försters *Handbuch* (1848), einem Vorläufer des Baedeker.[14]

Gewiss wird man das nicht einfach dem Öl anlasten dürfen, wie es der Begriff der ›Ölkrankheit‹ suggeriert. Dennoch unterschied sich der Süden der Apenninhalbinsel, also das mediterrane Italien – ähnlich wie in Klima und Vegetation –, traditionell auch in den Ernährungsgewohnheiten seiner Bewohner deutlich von den nördlichen Regionen, also dem kontinentalen Italien, und war daher dem Nordeuropäer gastronomisch noch fremder. Die Lombardei und das Veneto waren durch die österreichische Besetzung bis 1859 beziehungsweise 1866 alpenländisch berührt (wofür das in die *cotoletta milanese* transponierte Wiener Schnitzel steht), die Küche des Piemont war durch die Nachbarschaft zu Frankreich beeinflusst. Selbst für einen Italiener des vereinten Königreichs Italien, der von Norden nach Süden reiste, waren die gastronomischen Grenzen sichtbar, und er konnte sich im Süden geschmacklich unwohl fühlen. So kommt in Tomasi di Lampedusas Roman *Der Leopard* ein Abgesandter der piemontesischen Regierung nach Sizilien, der dort die Erfahrung machen muss, dass »die Ölküche seine Eingeweide seit einem Monat in Unordnung gebracht« hatte.[15] Die Unterscheidung zwischen ›Ölküche‹ (*cucina all'olio*) und ›Butterküche‹ (*cucina al burro*) war früher in Italien in der Alltagskultur präsent, man sprach von einer geographischen ›Butter-Öl-Linie‹ (die irgendwo südlich der Emilia-Romagna mit dem ›fetten Bologna‹[16] verlaufen sollte). Und in der Tat markiert ja der Gegensatz von tierischem und pflanzlichem Fett ernährungshistorisch und zivilisationsgeschichtlich einen der fundamentalen Gegensätze zwischen Norden und Süden, zwischen den ›beiden Europas‹, wie sie der Ernährungshistoriker Massimo Montanari genannt hat.[17] Bis weit ins 20. Jahrhundert war den Nordeuropäern das Olivenöl suspekt.[18]

Es ist gewiss kein Zufall, dass es eine Frau war, eine der seltenen weiblichen Italienreisenden, die gegen die (männlichen) Olivenöl-Verächter eine andere Stimme hören ließ: Fanny Lewald, eine der frühen Vertreterinnen der Idee der Emanzipation der Frau. Geboren 1811 in Königsberg hatte sie sich dort einer Versorgungs-Ehe entzogen und war gegen den väterlichen Rat als vierunddreißigjährige alleinstehende Frau nach Rom gegangen, wo sie im freizügigen Kreis der deutsch-römischen Künstlerkolonie lebte und eine Liebesbeziehung zu dem bereits verheirateten Oldenburger Historiker Adolf Stahr knüpfte. In ihren beiden Rom-Büchern thematisiert sie, anders als die Männer in ihren Reisebeschreibungen, ausführlich immer wieder Probleme des unterschiedlichen Hauswirtschaftens und der verschiedenen gastronomischen Gewohnheiten in Italien und Deutschland. So mokiert sie sich in einem (wie sie ihn tituliert) »Haushalts- und Küchenbrief« vom Januar 1867 über ihre Landsleute, die auch in Italien immer nur »französische feine Schüsseln oder deutsche Hausmannskost« suchten und der Meinung seien, »daß fünf Monate alte, eingesalzene Kochbutter oder geschmolzenes Rinder- und Schweinefett reinlicher, gesünder und wohlschmeckender sind, als das frisch gepreßte, klare Oel der Olive«. Wer mit dieser Einstellung nach Rom käme, gar entsprechenden Proviant aus der Heimat importiere, müsse sich nicht wundern, wenn ihm hier das Essen nicht schmecke. Und Fanny Lewald, die bereits als junges Mädchen in Königsberg für die kranke Mutter den Haushalt führen musste, setzt hinzu: »Ich wollte aber in meinem heimischen Haushalte [in Deutschland] gern die Winterbutter gegen Olivenöl vertauschen, und kann Euch aus Erfahrung sagen, daß es völlig unmöglich ist, mit Butter so feine Frituren [!] zu erzielen als mit Oel«.[19] Aber Fanny Lewalds Stimme ist in dieser Deutlichkeit eine Ausnahme, ähnlich wie ihre frischen und unkonventionellen Italien-Berichte, deren weiblicher Blick auf das Land nicht nur Roms Ruinen gilt, sondern auch Küche, Alltagsleben, Haushalt und Geschmack.

Das ekle Wurmgewinde der Maccaroni

Wenig beliebt bei deutschen Reisenden war auch die italienische Pasta – was im Grunde verwundern könnte, waren doch Nudelgerichte in süddeutschen und alpenländischen Regionen durchaus bekannt. Unbekannt war allerdings die *pasta lunga*, wie sie den Reisenden in erster Linie in Süditalien begegnete. Gustav Nicolai, ohnehin stets kritisch gegenüber allem Italienischen eingestellt, ekelt sich in Neapel vor dem »gelbgrauen Wurmgewinde steinharter und sandiger Macaroni«.[20] Johann Gottfried Seume erreicht zwar in Syrakus das Ziel seines »Spaziergangs«, wird dort aber auch Zeuge des »bestialischen Makkaronenfraßes« der Sizilianer und kommentiert: »Ich habe vernünftige Ärzte in Italien darüber sprechen hören, daß jährlich in der Fasten [= Fastenzeit] eine Menge Menschen an der verdammten Paste [!] sich zu Tode kleistern; denn der gemeine Mann hat die ganze lange Zeit über fast nichts anderes als Makkaronen mit Öl«.[21] Und Carl Friedrich Benkowitz, der längere Zeit in Sorrent lebte und dort volkskundliche Studien betrieb, vermutet sogar ganz ernsthaft, dass der Verzehr der langen Nudeln dem Südländer nur aufgrund einer anatomischen Deformation möglich sei: Der Neapolitaner, so glaubt er, habe »eine sehr weite Kehle, die sich verhältnismäßig nach der Quantität der Speise auszudehnen scheint; Sachkenner mögen untersuchen, ob auch hierin etwa seine Anlage zum Singen ihren Grund hat«.[22]

Befremdlich war auch die Art der Zubereitung der Pasta. Traditionell durften die Nudeln, wenn sie gut sein sollten, nur kurz gekocht werden – bezeichnenderweise wurden sie von den neapolitanischen Straßenverkäufern mit dem Ruf *vierdi vierdi li maccarune* (*vierdi* = grün, also quasi ungekocht) angepriesen.[23] Richard Keppel Craven, Mitglied der Londoner Society of Dilettanti, schreibt dazu nicht ohne Anerkennung: »Der heruntergekommenste Lazzarone würde sie mit Abscheu zurückweisen, wenn sie nur den geringsten Anflug von Weichheit oder Teigigkeit aufweisen würden«.[24] Für den britischen ebenso wie für den deutschen Gaumen waren sie daher zu hart. Man bestelle sie *ben cotti*, raten die Reiseführer von John Murray und Karl Baedeker übereinstimmend.[25] Noch keine Rede also vom Ideal des *al dente*!

Irritierend für die um die Verfeinerung ihrer Tischsitten bemühten Besucher aus dem Norden war es darüber hinaus, zu beobachten, »auf welch eine unanständige Art diese Maccaroni gegessen werden«. So Benkowitz, dem wir in seinen *Merkwürdigkeiten aus Rom und Neapel* (1804) vermutlich die erste, mit Kupferstichen bebilderte Beschreibung der verbreitetsten neapolitanischen Pasta-Sorten in der Reiseliteratur verdanken:

»Der echte Neapolitaner wikkelt sich [...] dies mehr als ellenlange Gewürm um seine Gabel, neigt den Kopf über den Teller, füllt den Mund mit dem einen Ende der Maccaroni an, und zieht das übrige, ohne Hülfe der Gabel, immer nach, so daß, wenn nun der erste Bissen genommen ist, die andern von selber folgen. Es muß sehr oft der Fall seyn, daß das eine Ende noch auf dem Teller ist, wenn das andere schon den Magen erreicht hat. Der gemeine Mann braucht dazu überdies keine Gabel, sondern er bedient sich der Finger«.[26]

Das erinnerte an die grobianische Art des Essens, wie man sie im Norden gern den ungebildeten Bauern und anderem ungehobeltem Gesindel zuschrieb, von denen sich die Bürger im »Prozess der Zivilisation« (Norbert Elias) abzugrenzen suchten.

Und schließlich war da die Art und Weise, in der die *pasta lunga* den Reisenden in Neapel begegnete – im öffentlichen Straßenverkauf nämlich:

»Man blickt in die Garküchen hinein, die Nachkommen der übelberüchtigten römischen popinae, wo ein Koch seine Makkaroni mit einer Begeisterung preist, als ob er ein Königreich zu verkaufen habe, während er gleichzeitig mit einem Stück Holz in dem großen brodelnden Kessel herumrührt. Ein Kind, das in einem Napf für ein paar Soldi von dem Gericht käuft, stört ihn nicht in seiner rhetorischen Begeisterung. Während des Anpreisens fischt er mit dem Holzscheit einige Fäden heraus, schleudert sie, mit der Hand sie zusammenstreifend, genial hinein in den Napf, gießt Brühe mit einem Löffel hinein und sucht auch uns zu bewegen, seine Götterspeise zu versuchen. Aber weder Makkaroni noch der harte safranfarbige Risotto (Reis) noch die Frutta [!] di Mare, Meeresfrüchte, allerlei Getier aus der Salzflut, Krabben, Seekrebse, Seesterne, garstige Tintenfische, alles in Oel gesotten, können infolge ihres widerlichen Anblicks und Geruchs unseren Appetit reizen, während es für die ärmere Bevölkerung Leckerbissen sind.«[27]

So Andreas Curtius (1856–1923), Professor für alte Sprachen am Gymnasium in Bonn, der nach eigenem Bekunden mehr als zwanzig Mal Italien bereiste.

Die Figur des *mangiamaccheroni*, des »Maccaroni-Essers«, wurde zum Emblem des Neapolitaners (auch in inneritalienischen Zuschreibungen[28]) und fand Eingang ins Repertoire zeitgenössischer Fotografen wie der Brüder Alinari aus Florenz oder des aus Frankfurt gebürtigen Giorgio Sommer, die vorwiegend für Touristen produzierten. Es sind exotische Ansichten in arrangierten Posen, bei denen der Verzehr der »fettriefenden Schlangen« (so Wilhelm Roßmann, einer der Begleiter des Erbprinzen Bernhard III. von Sachsen-Meiningen[29]) manchmal regelrecht als akrobatisches Kunststück ins Bild gesetzt wird. Dass sie, zumindest von Menschen aus dem Volk, tatsächlich mit den Fingern gegessen wurden, wobei man sie mit erhobener Hand von oben elegant in den Mund gleiten ließ, wird allerdings auch von neapolitanischen Quellen bestätigt.[30]

Selten, dass ein deutscher Reisender nach längerem Aufenthalt im Land einmal die Perspektive wechselt und Verständnis für die Liebe der Italiener zur Pasta äußert wie der politisch liberal denkende Oldenburger Professor Adolf Stahr in seinem Buch *Ein Jahr in Italien* (1863). Nach einem Mittagessen mit Freunden während eines Ausflugs durch die Albanerberge bemerkt er: »Ich fange an, das Heimweh der in Kartoffelländern weilenden Italiener nach ihren Maccaronischüsseln zu begreifen«.[31]

Maccaronifabrik in Torre Annunziata

Es ist daher vielleicht mehr als ein Kuriosum, dass schon während der Regentschaft des bourbonischen Königs Karl III. von Neapel (1735–1759) eine Sendung von zwölf Kisten Maccaroni (*12 casse Mackeroni*) zusammen mit 26 Kisten Salami von Neapel nach Dresden auf den Weg gebracht wurde – »auf königlichen Befehl«, wie aus den im Staatsarchiv Neapel liegenden Akten der Sächsisch-Polnischen Gesandtschaft vom Mai 1754 hervorgeht.[32] Karl III. war mit Maria Amalia verheiratet, der Tochter von Kurfürst Friedrich II. von Sachsen, was in jenen Jahren einen regen Austausch zwischen den beiden Residenzen Neapel und Dresden zur Folge hatte. Waren die Maccaroni möglicherweise für die Angehörigen der neapolitanischen Diaspora in Dresden bestimmt? Oder wollte der König mit der lokalen Spezialität die sächsische Hoftafel beglücken?

Dabei waren die im Neapolitanischen produzierten langen Formen der Maccaroni (*maccheroni lunghi alla napoletana* nennt sie der Artusi[33]) und ihnen folgend die

Spaghetti[34] nicht nur für Nordländer fremd, sondern in der prä-risorgimentalen Küche des 19. Jahrhunderts selbst für Italiener aus anderen, nördlichen Landesteilen eine kulinarische Besonderheit des Südens. Hier lagen, rund um die Hafenorte an den Küsten von Neapel und Salerno, die berühmten Manufakturen, die Hartweizengrieß (*grano duro*) im Handel mit dem Schwarzen Meer einführten und über günstige klimatische Bedingungen zum Trocknen der an Holzgestellen aufgespannten langen »Schnüre« (*spaghetto* = »kleine Schnur«) verfügten. Die Maccaroni wurden zum Symbol der parthenopäischen Küche. Als Garibaldi im Juli 1860 mit seinem ›Zug der Tausend‹ Sizilien erobert hatte und von dort auf dem Weg nach Neapel war, kommentierte Camillo Cavour, der piemontesische Premierminister in Turin, das Kriegsgeschehen gegenüber dem Botschafter in Paris mit dem Satz: »Die Orangen sind auf unsrer Tafel und wir verzehren sie. Auf die Maccheroni müssen wir noch warten, weil sie noch nicht gekocht sind«. Und später, nach der Einnahme Neapels: »Die Maccheroni sind [jetzt] gekocht und wir werden sie essen«.[35] Die gastronomische Metaphorik wird zum Bild der politischen Realität: der ›Einverleibung‹ Süditaliens durch das unter Piemonteser Regie neu entstehende Königreich Italien. Zugleich beginnt jetzt der Siegeszug der bislang eher partikularen neapolitanischen *pasta lunga* in der nationalitalienischen und später der internationalen Küche unter dem Namen *spaghetti*.

Pfui, wer kann so etwas essen wollen! Meerspinnen, Polypen und andere Früchte des Meeres

Auf starke Ablehnung stieß unter den Deutschen insbesondere die italienische Fischküche. Fisch galt als Arme-Leute-Mahlzeit, in katholischen Gegenden als Fastenspeise, frischer Seefisch war, außer in küstennahen Regionen, wenig bekannt. Gänzlich unbekannt war das, was die Fischer in Italien außerdem aus ihren Netzen holten, also *calamari, polipi, totani, seppie, astici* und andere *frutti di mare*. Hier begannen die Schwierigkeiten bereits bei der Eindeutschung der Namen. Von »Seekrebsen« ist die Rede, von »Meerspinnen«, von den »röthlich-bläulichen Sauge- und Tastwerkzeugen des Polypen«[36] – keine besonders appetitanregenden Bezeichnungen. »Pfui, wer kann so etwas essen wollen!«, fasst der aus Frankfurt gebürtige Kaufmann und dilettierende Schriftsteller August Kellner, der mehr als 25 Jahre lang in der deutschen Kolonie in Neapel lebte, seine Beobachtungen auf dem lokalen Fischmarkt zusammen.[37]

Fischmarkt in Neapel

Beim Abscheu vor den Meeresfrüchten spielte nicht zuletzt die soziale Distanz eine Rolle: Sie waren billige Nahrung der subproletarischen Massen der Lazzaroni. »Mißgestalten, Unformen, wie wahres Teufelszeug sieht es aus! Von dem Zeug kochen und braten die Leute«. So der hessische Maler Ludwig Emil Grimm, ein jüngerer Bruder von Jacob und Wilhelm Grimm, der ansonsten das Essen im Süden lobt und sich sogar eine »Meermuschelsuppe« schmecken lässt.[38] Auch der Baedeker übergeht in seiner Rubrik der »gewöhnlich vorkommenden Speisen« die Meeresfrüchte konsequent, notiert zur Fischküche lediglich: »Die Seefische sind von großer Güte; auch eine Hummerart (*ragosta*); Muschelsuppe (*zuppa di vóngole*) ist gut, aber nicht leicht verdaulich«.[39]

Möglicherweise konnten reisende Mönche und Kleriker den Meeresfrüchten noch am ehesten etwas abgewinnen – sie waren an Fastenspeisen gewöhnt und aßen im Kloster, wo ihnen nach den Vorschriften der Benediktinerregel zudem eine bevorzugte Behandlung bei Tisch zukam. So notiert der St. Galler Benediktiner und spätere Fürstabt Cölestin Gugger (1701–1767), der 1729/30 zum Studium nach Rom und Neapel reiste, in Molo di Gaeta in seinem lateinisch verfassten Tagebuch:

Händlerin mit Meeresfrüchten

»*Hoc in loco primos cancres [!] marinos comedi eximij gustus, ac tantae magnitudinis, ut unico quis se satiare optime potuerit*«.

»In diesem Ort habe ich die ersten Meereskrebse gegessen; sie schmeckten ausgezeichnet und waren so groß, dass man von einem einzigen bestens satt werden konnte«.[40]

Mit den *cancri marini* sind vermutlich ›Hummer‹ gemeint, am Golf von Gaeta unter dem Namen *astici* bekannt und tatsächlich im Vergleich mit den eher verbreiteten Langusten von veritabler Größe.

Pizza? – Ein unverdauliches Fladenbrot

Ganz besonders erstaunlich muss es erscheinen, dass auch eine andere italienische – genauer gesagt: neapolitanische – Spezialität, die inzwischen die ganze Welt erobert hat, unter früheren Reisenden auf Missachtung stieß, sofern sie überhaupt zur Kenntnis genommen wurde: die Pizza.

Die älteste mir bekannte Erwähnung der Pizza durch einen deutschen Reisenden stammt aus der Feder des Historikers Ferdinand Gregorovius, sicherlich einer der besten Italien-Kenner seiner Zeit, der während eines Aufenthalts in Neapel im Sommer 1853 ein aufmerksamer Beobachter des dortigen Straßenlebens war. Sein Bericht zeigt, wie fremd die Pizza dem Autor schon allein äußerlich gewesen ist:

»Man flüchte sich in eine jener wunderlichen Garküchen, wo hinter Bretterverschlägen die pizzi, große flache und runde Kuchen, gegessen werden, welche mit Käse oder mit Schinkenstückchen belegt sind, je nach dem Geschmack des Bestellers. Man bestellt sie, und in fünf Minuten sind sie gebacken. Es gehört der Magen eines Lazzarone dazu, sie zu verdauen«.[41]

Man darf bezweifeln, dass Gregorovius sich unter die Besteller eingereiht hat. Die Pizza war ein Arme-Leute-Essen, und wollte man dem Autor glauben, so schien sogar deren Verdauung anders zu funktionieren als diejenige bürgerlicher Esser. Gregorovius' »Neapel«-Essay erschien erstmals 1854 in der ›Augsburger Allgemeinen Zeitung‹ und wurde später in seine *Wanderjahre in Italien* aufgenommen, ein Bestseller des 19. Jahrhunderts, der gewiss auch in puncto Geschmacksbildung die Wahrnehmung der Zeitgenossen beeinflusst hat.

Das Stichwort Unverdaulichkeit greift auch der erwähnte August Kellner in seiner landeskundlichen Studie *Alltägliches aus Neapel* auf, die dem Pizzabäcker ein eigenes kleines Kapitel widmet. Es beginnt mit den Worten »›Pizza‹ ist die unübersetzbare Bezeichnung für ein neapolitanisches Nationalgericht. Vielleicht von allen das neapolitanischste«. Der Autor beschreibt die Herstellung der Pizza, erwähnt, dass sie für jeden Geldbeutel erschwinglich sei, um mit den Worten zu schließen: »Wie ist aber der Neapolitaner auch darauf versessen!? So schwer wie das Gericht ihm auch im Magen liegen wird, Appetit dafür ist immer da!«[42]

In der französischen Reiseliteratur kehrt die Auffassung von der schwer zu essenden Pizza wieder. Alexandre Dumas, der Autor der *Drei Musketiere*, der 1835 Neapel besuchte, beschreibt sie, garniert mit Schinken, Speck, Käse, Tomaten oder Fisch, als die winterliche Leibspeise der Lazzaroni, da sie noch billiger sei als Maccaroni, fügt aber hinzu, man könne keine Pizza essen, ohne sich dem Risiko auszusetzen, zu ersticken.[43] Vielleicht war es die schiere Größe des Fladenbrots, das dem kultivierten Franzosen diese Meinung in den Sinn brachte.

Im Übrigen war die Pizza, also das, wie Kellner schrieb, »neapolitanischste« aller Gerichte, im 19. und bis weit ins 20. Jahrhundert hinein einem Florentiner oder einem Mailänder genauso fremd wie einem Münchner oder einem Berliner. Ein hübsches Beispiel liefert Carlo Collodi, der Autor des *Pinocchio*-Romans, in einem erstmals 1880 in Florenz erschienenen Schulbuch mit dem Titel *Il viaggio per l'Italia di Giannettino* (*Giannettinos Reise durch Italien*). Es berichtet davon, wie der kleine Giannettino mit seinem Lehrer Boccadoro das neu entstandene Königreich Italien von Friaul bis Sizilien mit der Eisenbahn durchreist, wobei der Lehrer an Ort und Stelle dem Schüler die Besonderheiten einzelner Städte und Regionen erläutert. Das Buch stand in der alten Tradition der ›pädagogischen Reisen‹ und wollte den Kindern einer noch jungen Nation Charakter und Vielfalt der einander damals noch sehr fremden Landesteile nahebringen. Während eines Spaziergangs durch Neapel treffen Lehrer und Schüler auf einen Pizzaverkäufer, der in unverständlicher Sprache seine Ware feilbietet, und der Lehrer erläutert:

»Du willst wissen, was das ist, die ›Pizza‹? Es ist eine Platte aus mit Hefe versetztem Brotteig, im Ofen geröstet und mit einem Belag von allerlei ein bißchen darüber. Das Schwarz des gerösteten Brotes, das Weißliche von Knoblauch und Sardelle, das Gelb-Grünliche des Öls und des gebratenen Grünzeugs, dazu hie und da die roten Tomatenstückchen geben der Pizza den Charakter von zusammengemanschtem Abfall (*un aria di sudiciume complicato*), wie er bestens harmoniert mit jenem des Verkäufers«.[44]

Selbst in einem Buch, das sich um Verständnis für die Gebräuche in den anderen Regionen des Landes bemühen möchte, kommt ein Florentiner wie Collodi zu einem Urteil, das sich nicht sehr unterscheidet von dem, was ultramontane Reisende hinterlassen haben.

Pizzaverkäufer

Ein anderer zeitgenössischer italienischer Autor, aus der Emilia-Romagna gebürtig, der auf dem Gebiet der Gastronomie die neugewonnene Einheit der Nation festigen wollte, Pellegrino Artusi, hat in seinem bekannten Kochbuch *La scienza in cucina* (1891) die Pizza auf seine Weise ›gewürdigt‹: Sie kommt dort überhaupt nicht vor.[45] Und selbst das Wort Pizza (es ist neapolitanisch) wird man im *Vocabulario della Crusca*, dem traditionellen Standardwörterbuch der hochitalienischen Sprache, vergeblich suchen.

Es sollte noch sehr lange dauern, bis die Devise *Pasta & Pizza* zum Markenzeichen zahlloser Imbissbuden auf der ganzen Welt werden würde. Bis dahin aber musste für die Geschichte des nördlichen Geschmacks im Süden gelten, was der Reiseschriftsteller Carl Friedrich Benkowitz seinen Landsleuten bereits 1804 mit auf den Weg gegeben hatte: »Das Auge ist der Sinn, der in Italien vorzüglichen Genuß findet«, die »Freuden eines wohleingerichteten Tisches« müsse man hingegen im Süden entbehren.[46] Die Geschichte der Grand Tour ist eine Geschichte unterschiedlich verfeinerter Sinne. Sie stand lange Zeit unter dem Primat des Auges, des distanziertesten aller menschlichen Sinne. Und sie wehrte mit dem Geschmack jene sinnlichen Anteile des Fremden ab, die beunruhigen und irritieren konnten.

Auf der Straße isst man nicht?

Neapel und die Geburt des Streetfood

Alles Leben öffentlich

Speisen haben neben dem physiologischen Geschmack immer eine gesellschaftliche Aura, gleichsam einen sozialen Geschmack. Er ist abhängig vom Personenkreis, der gewisse Speisen bevorzugt, sowie vom Ort und der Art ihres Konsums. Die Ablehnung, die Pasta und Pizza in Neapel über Jahrhunderte hinweg bei bürgerlichen Grandtouristen aus dem Norden fanden, spiegelt deren Reserve gegenüber dem Ort, an dem ihnen diese Gerichte begegneten: der Straße. Dabei wurden sie ungewollt Zeugen einer Erscheinung, die sich inzwischen weltweit zu einer gastronomischen Selbstverständlichkeit entwickelt hat: dem Streetfood. In der Tat beginnt die europäische Geschichte des Streetfood in Neapel. Hier kamen zwei für dessen Entstehung fundamentale Bedingungen zusammen: spezifische soziale und besondere klimatische Verhältnisse.

Neapel zählte seit der frühen Neuzeit zu den bevölkerungsreichsten Metropolen Europas, übertroffen nur von Paris und London. Bereits Ende des 16. Jahrhunderts hatte die Stadt mehr als 200.000 Einwohner, um 1800 lebten rund 450.000 Menschen in ihren Mauern.[1] Dabei hatte sich während der ersten großen Expansion der Stadt unter den spanischen Vizekönigen (1503–1734) im sozialen Gefüge ein Phänomen herausgebildet, welches das urbane Gesicht auch weiterhin prägen sollte. Es war die starke Präsenz subproletarischer Massen, der sogenannten Lazzaroni, die, durch Brot und Spiele bei Laune gehalten, immer wieder ins labile politische Machtgefüge eingriffen – so bei der Revolte des Masaniello (1647) oder bei der blutigen Niederschlagung der Parthenopäischen Republik (1799). Kein Reiseführer, der vergessen hätte, sie zu erwähnen, kein Reisender, der versäumt hätte, ihre Existenz zu kommentieren – in der Regel in wenig freundlichen Worten! Im geflügelten Satz von Neapel als einem »von Teufeln bewohnten Paradies« haben die Lazzaroni in der Literatur ihre Spur hinterlassen.[2]

Wie auffällig die Lazzaroni tatsächlich waren, lassen die Berichte von Reisenden erkennen, die London oder Paris kannten und durchaus vertraut waren mit dem Anblick großstädtischer Populationen. In Neapel trafen sie, wie der Londoner Arzt Samuel Sharp in seinen *Letters from Italy* (1767) schreibt, auf »eine Bevölkerung, von der ein Fremder, der zum ersten Mal bestimmte Teile der Stadt passiert, glauben könnte, die Menschen hätten sich zu einem außerordentlichen Anlass auf den Straßen versammelt, Tatsache ist jedoch, dass tausende von ihnen, die sogenannten Lazzaroni, keine andere Wohnung als die Straße haben«.[3] Die aus dem Norden vertraute Trennung von Haus und Straße, von Privatem und Öffentlichem, schien in Neapel aufgehoben, der öffentliche Raum fungierte als Domizil. Plätze, Gassen, Höfe, Anlagen, Kirchen, Arkaden, Hauseingänge, der Hafen, der Strand – sie alle waren Wohn-, Arbeits- und Lebensräume, als öffentliche zugleich private Territorien. »Alle Handwerker treiben ihr Geschäft öffentlich, auf der Straße wird gekocht und gebraten, gegessen und geschlafen«, schreibt August von Platen 1827 an einen Freund.[4] Einhundert Jahre später wird Walter Benjamin in der ›Porosität‹, der Durchlässigkeit zwischen Privatem und Öffentlichem, das alternative Lebens- und Organisationsprinzip der Stadt am Golf erkennen.

Natürlich war dieses ›öffentliche Leben‹ ursprünglich materieller Not geschuldet, fehlendem oder extrem beengtem Wohnraum, wie er noch heute in den populären Quartieren der Stadt ins Auge fällt. Die Ansiedlungs- und Architekturpolitik während der spanischen Periode hatte zu einer extremen Privilegierung der adligen Familien und zu einer gewaltigen Ausdehnung der durch Ordenshäuser und Kirchen besetzten ›heiligen Räume‹ geführt[5] – auch diese Diskrepanz prägt das Gesicht der Stadt bis heute. Das private Leben musste sich also ins Öffentliche drängen, musste Räume erobern und sich in ihnen behaupten, die der Planung nach anderen Zwecken dienen sollten als dem Wohnen und Schlafen Bedürftiger. Dass dieses freilich gelingen und zu einer Organisationsform des sozialen Lebens werden konnte, ist dem Klima zu verdanken. Nur im Süden, an den Ufern des Mittelmeers, konnte sich eine Kultur des öffentlichen Lebens entwickeln, die Tisch und Bett auf die Straße verlegte. Die Natur selber lade hier gleichsam dazu ein, bemerkt Goethe während seines neapolitanischen Aufenthalts, zumindest sei das, was nordischen Augen im Hinblick auf die Lebensweise der Lazzaroni als »Entbehrung« erscheinen müsse, »durch ein Klima sehr begünstigt, das alles gewährt«.[6] Seine Kritik am Klischee vom müßiggängerischen Volk mündet im Bild eines perfekt funktionierenden Kosmos von Tätigkeiten, deren Schauplatz die Straße bildet.

Im Bauch der Stadt

Wo öffentlich gelebt wird, ist auch das Essen eine öffentliche Angelegenheit. »Es ist keine Jahreszeit, wo man sich nicht überall von Eßwaren umgeben sähe«, bemerkt Goethe voller Erstaunen, und er beschreibt detailliert die ausladenden und festlich dekorierten Angebote von

Fischen und Meeresfrüchten, von Zitronen und Orangen, von Fleischwaren und zahlreichen anderen Lebensmitteln auf Straßen und Plätzen.[7] Was den Besucher aus dem Norden dabei faszinierte, war die öffentliche und tägliche Zurschaustellung der Naturalien – in Weimar und anderswo kannte man dergleichen allenfalls von einzelnen wöchentlichen Markttagen. Und noch konnte niemand ahnen, dass die »Eßwaren« zwei Jahrhunderte später auch im Norden dank ausländischer Ladeninhaber die Bürgersteige erobern sollten.

Zur öffentlichen Präsentation kam der öffentliche Genuss, Goethe prägt dafür den schönen Begriff des »Schmausfestes« – »alsdann feiert man eine allgemeine Cocagna, wozu sich Fünfundert Tausend Menschen das Wort gegeben haben«.[8] Dabei konnte der Dichter die ursprüngliche Form der *cuccagna* schon nicht mehr erleben, sie war 1779, also acht Jahre vor seinem Besuch, aufgehoben worden. Bis dahin wurde alljährlich zum Karneval auf dem Platz vor dem Königspalast eine gigantische essbare »Schlaraffenlandschaft« aufgebaut und auf ein königliches Signal hin vom Volk gestürmt und geplündert.[9] Es war das spektakulärste aller neapolitanischen »Schmausfeste«, bei dem sich alte utopische Bilder des Schlaraffenlandes mit einer herrschaftlichen Inszenierung zu einem Fest des öffentlichen Essens und Trinkens verbanden. Und bei dem sich, wie bei allen karnevalesken Festen, Lust und Gewalt aufs engste verbanden, Schmaus und Graus dicht beieinanderlagen.

Und natürlich wurde auf den Straßen gekocht, gebraten und gebacken. Und vor aller Augen gegessen und getrunken.

Für Besucher aus dem Norden war dies in höchstem Maß irritierend. Sie kamen in der Regel aus bürgerlichen Schichten, bei denen Essen auf der Straße bis weit ins 20. Jahrhundert hinein ein Tabu war, »ein Verstoß gegen die guten Sitten«, wie ein verbreitetes Anstandsbuch noch in den 1950er Jahren dekretierte.[10] Irritiert und manchmal voller Abscheu standen sie daher vor den Erscheinungsformen einer öffentlichen kulinarischen Kultur, die ihnen als Inbegriff des Ungeschmacks erscheinen musste. Und die Korrespondenten zeitgenössischer Massen-Medien verbreiteten in der neu aufblühenden Form des Reise-Essays die exotischen Bilder im Norden:

»In Neapel, diesem Wespenneste der Menschheit, werden fast alle Gewerbe bei offenen Thüren oder auf freier Straße getrieben, daher man denn, wie die übrigen, auch die Maccaronitrödler [...] längs den Palästen, unter Bogengängen, in Kellern und freistehend, mit dem dazu gehörigen Kochapparate aufgeschlagen findet. Von fern schon erblickt man in Unzialschrift auf den daran ausgesteckten, mit Lorbeerkränzen (entweder *laurus nobilis* oder *laurocerasus*, letztern aber am meisten) geschmückten Fahnen das Losungswort: *Maccaroni! Evvivano i maccheroni* (es leben die Maccaroni) und das die Käufer beruhigende *qui si mangia bene e si paga poco* (hier wird gut gegessen und wenig bezahlt) lieset man an Säulen und Mauern. Damit aber der Himmel dem Wirth und den Gästen gnädig bleibe, und Jeder vor oder nach der Mahlzeit sein stilles Dankgebet verrichten könne, prangt der Madonna bekränztes Bild in der Bude selbst oder an deren äußerer Wand. Gleich einem Wunderthäter oder Quacksalber, steht mit gespreizten Beinen, die linke Hand in die Seite gestemmt, mit der rechten aber an einem Holze die endlosen Fäden der Götterspeise aus der Tiefe des siedenden Kessels heraufziehend, der Garkoch, und verkündet laut rufend, als ginge es zur Schlacht, den vorübereilenden Schaaren der Bettler die Vortrefflichkeit seiner Waare«.[11]

So das ›Pfennig-Magazin zur Verbreitung gemeinnütziger Kenntnisse‹ 1834. Die Rede ist von einer ambulanten Garküche, einem *portable shop*, wie Marguerite Blessington aus London die Einrichtung mangels eines besseren Begriffs nannte.[12] Mit dem genannten »Kochapparat« ist, wie wir aus neapolitanischen Quellen wissen, eine Vorrichtung gemeint, bei der ein oder mehrere Wasserkessel auf einem tragbaren, kohlebeheizten Ofen saßen. Keine Straße in den populären Quartieren, so die Journalistin Matilde Serao in ihren Sozialreportagen *Il ventre di Napoli (Der Bauch von Neapel)*, in der man nicht einen Wirt finde, der eine solche Garküche betreibe, dabei zu den langen Nudeln Tomatensoße und geriebenen Käse anbiete. Die Größe der Portionen sei variabel, je nachdem, was der Kunde dafür bezahlen könne, immer wieder komme es deshalb zu Auseinandersetzungen und Streitereien.[13] Zu den Mechanismen der frühen Streetfood-Gastronomie gehörten bereits die uns heute vertrauten exzessiven Strategien der Werbung und der Präsentation des Angebots, wie sie dem Korrespondenten des ›Pfennig-Magazins‹ aufgefallen waren.

Neben den *maccaronari*, den »Maccaronitrödlern« (wie die deutsche Zeitschrift das fremde Gewerbe ein wenig unbeholfen übersetzte), erfreuten sich die Garküchen der *maruzzari* (von *maruzza* = Schnecke) in der Armenküche großer Beliebtheit. Es war ein Gewerbe, das von Frauen und Männern betrieben wurde, die an ihren Ständen, ebenfalls aus einem Kessel über einem transportablen Ofen, gekochte Schnecken, Muscheln, *polipi, seppie* und andere *frutti di mare* verkauften, auch zusammen mit einem Löffel Brühe oder einer Handvoll *freselle*, einem lokalen Backwerk. Oft befanden sich deren Stände neben einer der zahlreichen *cantine*, einfachen Weinwirtschaften, deren Besucher sich beim Betreten des Lokals damit versorgen konnten[14] – eine weitere klassische Form der Fastfood-Kultur.

Schon eine Stufe höher angesiedelt auf der sozialen Leiter der Arme-Leute-Küche auf Straßen und Plätzen waren die *carnacuttari* (wörtlich ›Fleischkocher‹), die an ihren Ständen die unedleren Teile des Fleischs anboten, wie sie aus den Küchen der Palazzi auf die Straße geworfen und von den dort darauf wartenden Frauen aufgesammelt wurden: Kutteln und andere Innereien, dazu Füße und Köpfe von Schweinen und Kälbern. In Restformen lebt dieses Straßengewerbe in Neapel bis heute weiter: in den fahrbaren Buden (heute umgebaute Kleinlastwagen), die man gelegentlich noch am Lungomare, in den Altstadtgassen oder bei kleineren oder größeren Heiligenfesten sehen kann und die mit dem Schild *Pere e Musso* (wörtlich ›Fuß und Maul‹) werben. Sie sind üppig mit Zitronen, grünen Blättern und rinnendem Wasser dekoriert und erfreuen sich bei Alt und Jung großer Beliebtheit, nicht zuletzt bei Menschen, die in den *Pere-e-Musso*-Ständen mit einer gewissen Nostalgie ein Stück verschwindender *napoletaneità* sehen. Von Garküchen kann dabei heute allerdings keine Rede mehr sein. Längst haben hygienische Vorschriften dafür gesorgt, dass das Fleisch dort nicht mehr gekocht, sondern bereits vorgekocht und in kleinen Portionen, mit viel Salz und Zitronensaft gewürzt, vertrieben wird.

Zu den kulinarischen Anbietern im Straßenverkauf gehörten ferner die *friggitori*, die ›Frittierer‹, die ihre tragbaren Kessel nicht mit kochendem Wasser, sondern mit siedendem Öl gefüllt hatten und dort entweder kleine Fische aus dem minderen Beifang, gefüllte Teigtaschen (*panzerotti*) oder die in allerlei Formen beliebten Kleingebäcke herausbuken.[15] Die Verbreitung der Fritteuse beim Fastfood hat hier ihren Ursprung.

Und dann die *pizzaiuoli!* Der Begriff meinte nicht nur, wie heute, den Pizzabäcker, der sein Geschäft meist in einer kleinen *bottega*, einem Ladenlokal mit Laufkundschaft, betrieb. Oder, noch einfacher, mit einem tragbaren Ofenrost, auf dem die Pizza irgendwo auf der Straße in einer Art Kuchenblech gebacken wurde.[16] Mindestens ebenso wichtig waren die *pizzaiuoli*, die von dort ausschwärmten und an irgendeiner Straßenecke auf einem beweglichen Tisch und mit einem zylindrischen Warmhaltebehälter mit Entlüfter ihre Ware den ganzen Tag über ausboten.[17] Verkauft wurde hier ebenfalls nach benötigter (will sagen: bezahlbarer) Menge bis hin zu kleinen Abschnitten – im Straßenverkauf der *pizza a taglio* lebt die Sitte bis heute weiter. Neben den Pizzaverkäufern mit festen Ständen gab es solche, die, eine Ladung Pizza in einem Behältnis auf dem Kopf tragend und damit laut rufend, durch die Quartiere der *bassi*, der ebenerdigen Einraumwohnungen, streiften und sie dort verkauften – die Vorläufer der heutigen Pizzaboten. Der Ort der Pizza war jedenfalls die Straße – dazu passt ein neapolitanisches Sprichwort, das Giambattista Basile in seiner barocken Märchensammlung *Lo cunto de li cunti* (1634/36) überliefert hat, eine der ältesten Erwähnungen des Begriffs überhaupt: »aus jemandem eine Pizza machen«, will sagen: ihn zusammenschlagen, ›plattmachen‹.[18]

Pizzaverkäufer mit transportablem Wärmeofen

Der Kundenkreis aller dieser Garküchen dürfte sich überwiegend aus den Angehörigen der unteren sozialen Schichten rekrutiert haben, also Obdach- und Arbeitslosen, Bettlern und anderen in prekären Verhältnissen lebenden Mitgliedern jenes *popolo minuto*, für das sich der Name der Lazzaroni eingebürgert hatte.[19] Matilde Serao, die den Personenkreis nach einer Art Armutskoeffizient klassifizierte, schreibt, wer drei Soldi und mehr für seine tägliche Nahrung zur Verfügung habe, meide die Garküchen und esse zu Hause (wobei sie ein Tageseinkommen von 10 bis 15 Soldi für weibliche Gelegenheitsarbeiterinnen angibt[20]). Jedenfalls dürfte kein Zweifel an einer Feststellung bestehen, mit der bereits Goethe seine Beobachtungen zu den Betreibern der neapolitanischen Garküchen abschloss: »Diese Leute haben einen unglaublichen Abgang [=Umsatz], und viele tausend Menschen tragen ihr Mittag- und Abendessen von da auf einem Stückchen Papier davon«.[21]

Essen in Bewegung. Die Straßenhändler

Teil der lokalen Streetfood-Kultur und eng verbunden mit den Garküchen waren die ambulanten Verkäuferinnen und Verkäufer von Esswaren und Getränken. Die *nocellara*, die Nusshändlerin, hatte auch geröstete Kürbiskerne, Erbsen oder Bohnen in ihrem Angebot, was in Neapel sinnigerweise *spassatiempo* (›Zeitvertreib‹) hieß, und die mit dieser Frühform des ›Knabberzeugs‹ auch in den Schenken ein gern gesehener Gast war.[22] *Tarellari* waren mit ihren pikanten Schmalzkringeln unterwegs, *zeppolari* mit dem süßen Cremegebäck, *ostricari* mit Austern und Muscheln – um nur einige von denen zu nennen, deren Angebote auf den sofortigen Verzehr zielten, in einem Ambiente und unter Lebensbedingungen, in denen sich eine der Voraussetzungen der modernen Gastrokultur ankündigte: dass nämlich nicht mehr zu festen Zeiten und an festen Orten zu Tisch gebeten wird, sondern Speisen und Getränke überall und zu jeder Zeit zur Verfügung stehen. Durch individuelle Händlerrufe und teilweise typische Accessoires bei der Kleidung waren die verschiedenen ambulanten Händlerinnen und Händler zu unterscheiden und machten auf diese Weise auf sich aufmerksam – Gregorovius berichtet, dass Einheimische deren Rufe im Straßenlärm bereits auf weite Entfernung zu erkennen wussten.[23] Das Essen musste nicht mehr aufgesucht werden, es kam zum Verbraucher.

Eine außerordentliche Rolle spielten dabei, nicht nur in den heißen Sommermonaten, die Getränke, summarisch *rinfreschi*, ›Erfrischungen‹, genannt. Mit einem umgeschnallten Fässchen, dazu Schenk-Kanne und Gläsern waren die *acquaiuoli*, die Wasserverkäufer, unterwegs, boten neben dem erfrischenden Nass den Saft ausgepresster Zitronen oder Aniswürze an.[24] Besonders geschätzt war das leicht schwefelige Wasser einer Quelle am Monte Echia im Santa-Lucia-Viertel, dem heilsame Wirkung zugeschrieben wurde. Da man in Italien unterschiedliche Wassersorten früher sehr sensibel auseinanderzuhalten verstand (das gilt zum Teil bis heute), hoben die Wasserverkäufer gern die besondere Qualität gerade ihrer Ware hervor – Wasser war keineswegs nur Wasser! Das konnte einem anspruchsvollen Reisenden wie dem Direktor des Königlichen Münzkabinetts in Berlin, Friedrich Förster, Respekt abnötigen: 1831 beobachtete er, wie ein Wasserverkäufer sein Getränk ausschenkte, »als ob es Sect« sei, und sein Kunde, ein einfacher Mann aus dem Volk, dieses Wasser »mit so bedächtiger Miene getrunken [habe], als ob es Dreiundachtziger von Hochheim wäre«.[25]

Ambulanter Wasserverkäufer

Natürlich musste er seine Ware gekühlt anbieten, was ihn in die Nähe eines der wichtigsten ambulanten Gewerbe brachte, des *nevaiuolo*, des Schneehändlers.

Das gefrorene Streetfood: Schnee und Eis

Der Schnee- und Eishandel setzte eine staunenswerte Logistik in der Riesenstadt voraus. Während der Wintermonate wurden große Mengen Schnee vor allem auf den benachbarten Monti Lattari mit dem fast 1.500 Meter hohen Monte Sant'Angelo in ausgemauerten und sorgfältig abgedeckten Schneegruben gesammelt, von da allnächtlich nach Bedarf in die Stadt transportiert und dort in unterirdischen Depots gelagert. Nach Aufzeichnungen des im bourbonischen Finanzministerium tätigen Giuseppe Maria Galanti kamen auf diese Weise im Jahr 1783 beispielsweise rund 500 Tonnen Schnee nach Neapel.[26] Der Handel mit dem gefrorenen Nass war in bourbonischer Zeit staatliches Monopol, also nur lizenzierten Händlern auf Pachtbasis erlaubt – zu sensibel war der weiße Stoff nicht nur in physischer, sondern auch in politischer Hinsicht. So berichtet der englische Journalist Joseph Addison aus Neapel, dass ein Mangel an Schnee hier ebenso wohl eine Empörung hervorrufen würde als andernorts eine Teuerung des Korns oder anderer Lebensmittel.[27] Dementsprechend waren die für Schnee im Straßenverkauf geltenden Preise reguliert und extrem niedrig.[28]

Denn Schnee, wie er von ambulanten Händlern oder an Ständen feilgeboten wurde, war alltägliches Lebensmittel, vor allem in den Sommermonaten. »Ich habe bloß von Eis- und Schneewasser gelebt«, stöhnt der Maler Tischbein im heißen Juli 1787.[29] Schnee wurde zum Kühlen des Trinkwassers benutzt, wurde Wein, Limonade und anderen Getränken zugesetzt und zum

Verfeinern von Früchten verwendet. Und er war die notwendige Voraussetzung für eines der wichtigsten neapolitanischen *rinfreschi,* von Sorbet und Speiseeis.

Für dessen Herstellung brachte man einen Zylinder in einem mit Schnee gefüllten Behälter zum Rotieren, wodurch der Inhalt des Zylinders in halbfesten oder festen Zustand überging.[30] (Es ist ein einfaches Verfahren, wie man es bei motorisierten Straßenverkäufern noch immer beobachten kann, die statt Schnee natürlich Eiswürfel verwenden.) Vertrieben wurde das halbfeste oder feste Produkt von *sorbettieri* oder *gelatieri*, die oft durch auffallend bunte Kleidung erkennbar waren. *Rinfrescatori dell'umanità lazzaresca* nennt sie ein wenig pathetisch ein zeitgenössischer Bericht, also Erfrischer der Lazzaroni-Menschheit.[31] Denn mochte Gefrorenes seit der Renaissance an den europäischen Fürstenhöfen und in den aristokratischen Familien zum Luxus raffinierter Tafelfreuden gehören, in den Altstadtquartieren von Neapel war es die Erfrischung des kleinen Mannes, rasch im Vorübergehen gekauft, auf der Straße gegessen. Angeboten wurde es, ebenfalls zu erstaunlich niedrigen Preisen, in kleinen Gläsern, die der Straßenhändler in einem Korb mit sich führte.[32]

Ambulanter Eisverkäufer

Es mag an der Exotik des Angebots gelegen haben oder an den südlichen Temperaturen: Sogar Reisende aus dem Norden, für die Garküchen und das Angebot anderer ambulanter Händler im Allgemeinen tabu waren, konnten sich mit dem kalten Streetfood anfreunden. »Ich fand diese Sitte herrlich, sich erfrischen zu können fast ohne stehenbleiben zu müssen!«, schwärmt Alexandre Dumas von den *acquaiuoli*, die, wie er schreibt, hier alle fünfzig Schritt auf der Straße stünden.[33] Und der erwähnte Friedrich Förster lässt sich, von Durst und Neugier getrieben, von einem Straßenhändler ein Gläschen mit eisgekühltem Zitronensaft reichen, nippt daran, zieht sich dann aber doch lieber in eine ›richtige‹ Sorbetteria zurück.[34] Auch August von Goethe schwärmt nach mehreren Gläsern Eiswasser: »Das ist was Treffliches hier. Man findet überall dergleichen. Es ist das Kühleste, was man denken kann und schadet nichts.«[35]

Das kalte Streetfood sollte später in Deutschland das erste Genussmittel werden, dem es gelang, die verbreitete Reserve gegenüber ›Essen auf der Straße‹ zu überwinden.

Auf der Suche nach der vertrauten Kost

Der touristische Gastro-Nationalismus

Man isst deutsch in Italien

Das gastrokulturelle Resümee aus den Zeugnissen der klassischen Italienreise ist bezeichnend: Die italienische Küche stieß in der Regel auf Ablehnung, und das umso mehr, je näher die Besucher dem mediterranen Italien und seinen Menschen kamen. Die Liebe zu Italien ging durch den Kopf, nicht durch den Magen. Auf Winckelmanns Spuren verklärte man den Süden zum Mutterland der Schönheit und der Freiheit, und seufzte doch zugleich mit ihm in diesem Süden: »Ich [...] vermisse die deutsche Zurichtung der Speisen«.[1]

Um diesem Mangel abzuhelfen, hatten sich in Zentren des Reiseverkehrs schon früh ›nationale‹ Gasthöfe etabliert, betrieben von Emigranten, die durchreisenden Landsleuten ihre Dienste anboten. So empfiehlt der barocke Reiseführer *Paradisus Deliciarum Italiae* von 1657: »*So ihr in die weitberühmbte Stad Rom kompt, so fragt nach dem schwartzen Beeren oder Schwerdt, welches beyde der Teutschen Nation Herbergen seyn, allda werdet ihr wol getractiert. Aber gemeinlich zeucht man zum Schwerd ein, was Herren seyn, ist am Monte Giordano, genannt in Welsch alla Spada. Er, der Wirth hat ohne Zweiffel der Zeit auch Teutsche Haußknecht, wie andermal, und so ihr ein begehren werdet, der euch die Gelegenheit der Stad zeige, wird euch der Wirth wol ein verordnen*«.[2]

Der Reiseführer nennt also zwei Gasthöfe unterschiedlicher Kategorien, in denen auch deutsches

Personal (»Haußknecht«) beschäftigt sei, das auch für Stadtführungen zu Diensten stehe. Leider sind solche detaillierten Hinweise in der frühen Reiseliteratur eher selten, wir wissen aus dieser Zeit wenig über die Arbeitsmigration aus den armen deutschsprachigen Ländern (vor allem aus der Schweiz) nach Italien, die dann im 19. Jahrhundert an Orten wie Rom oder Neapel in den Dienstleistungs-Berufen verbreitet sein sollte.[3]

Im genannten Gasthof ›Zum Bären‹ verbrachte übrigens auch Goethe seine erste Nacht in Rom,[4] bevor er zu Tischbein in die Künstlerwohngemeinschaft am Corso zog. Und natürlich hatten andere europäische ›Nationen‹ in Rom ebenfalls ihre bevorzugten Absteigequartiere.[5]

Im 18. und 19. Jahrhundert, also im Zeitalter der klassischen Italienreise, erfreute sich für deutsche Rom-Besucher der Gasthof von ›Roesler Franz‹, an der Ecke von Via Condotti und Piazza di Spagna gelegen, besonderer Beliebtheit, also jener, den der Dichter Friedrich Rückert 1817 wegen seiner »ölfreien« Küche wählte.[6] Franz Rösler, ein böhmischer Auswanderer, hatte sich um die Mitte des 18. Jahrhunderts in Rom niedergelassen, seine Nachkommen führten den Betrieb in mehreren Generationen unter seinem Namen weiter.[7] Der fremdartig klingende Name muss in Rom ein derartiges Markenzeichen geworden sein, dass er zu einem doppelten Nachnamen zusammengezogen wurde: Ettore Roesler Franz (Rom 1845–1907) wurde später ein bekannter Maler, dessen aquarellierte Ansichten des ›alten‹ Rom heute in römischen Museen hängen.

›Deutsches Wirtshaus‹ hieß der Betrieb unter den Fremden bereits im 18. Jahrhundert, »solidere Kost« bekomme man als Deutscher hier eher als anderswo,[8] und selbstverständlich konnte man bei Roesler Franz essen und übernachten. Karl Philipp Moritz hat es bei Ankunft in der Ewigen Stadt 1786 so gehalten, konnte

Ettore Roesler Franz, *Das Albergo dell'Orso in Rom*, 1880

aber keinen richtigen Schlaf finden, weil die zahlreich im Speisesaal versammelten deutschen Landsleute bis tief in die Nacht hinein einen Heidenlärm machten.[9] Der Dichter Wilhelm Müller fühlte sich bei Eintreffen in Rom bei Roesler Franz sofort auf heimischem Boden: »Ein deutscher Kellner hob mich aus dem Wagen, ein deutscher Wirt hieß mich willkommen, und als ich die erste Treppe hinaufstieg, flog mir ein Freund und Landsmann entgegen«.[10] Auch Goethe hat während eines bestimmten Zeitraums mehrfach bei Roesler Franz gegessen, Roberto Zapperi vermutet, dass er ein Auge auf des Wirtes Töchterlein Costanza geworfen hatte.[11]

Um die Mitte des 19. Jahrhunderts bekam das ›Roesler Franz‹ Konkurrenz durch eine andere deutsche Speisewirtschaft, an der Ecke von Via Sistina und Via del Tritone gelegen: das ›Da Carlino‹. Gegründet hatte es ein emigrierter Tischler aus dem Badischen namens Karl, vermutlich einer der damals zahlreich in Italien herumziehenden deutschen Handwerker, der sich in Rom festgesetzt und dort eine Marktlücke entdeckt hatte – ein Schicksal, das an die Etablierung italienischer Restaurants durch Gastarbeiter aus dem Süden im 20. Jahrhundert in Deutschland erinnert:

»Die jüngeren unter den in dieser Gegend wohnenden Künstlern, durchreisende Deutsche, die nicht zu den vornehmen Speisehäusern gehen mögen, Zuaven [= ausländische Soldaten] usw. bilden seine Gäste im Hause, eine große Anzahl von Familien werden von ihm außer dem Hause versorgt, und er bewahrt in seinem Gemüthe freundliche Erinnerungen an gute Namen der deutschen Kunst und Literatur, von deren Trägern er gern und oftmals spricht«.[12]

Und dann gab es in Rom in dieser Zeit noch eine ganz besondere Möglichkeit, dem italienischen Essen zu entgehen: Der 1845 gegründete ›Deutsche Künstler-Verein‹ unterhielt in seinen Räumen nicht nur ein Musikzimmer und einen Spielsalon, sondern auch einen großen Speise- und Kneipsaal – »ein wahres Stück Vaterland mitten in Rom [...] alles ist da und echt deutsch alles vom Präsidenten bis zum Jungen, der den Teller mit vaterländischem Sauerkraut nebst Bratwurst und den Seidel Bier aus der deutschen Brauerei in der via due macelli aufträgt«. So der niederdeutsche Dichter Hermann Allmers begeistert 1859.[13] Zur ›Deutschen Brauerei‹ gesellte sich später unter anderem eine ›Deutsche Conditorei‹ in der Via Condotti und eine ›Deutsche Wurstfabrik‹ in der Via della Croce (»Deutsche Wurstwaren, Rauchfleisch, Sauerkraut«).[14]

Auch in anderen Reisezentren gab es für den ›deutschen Esser‹ ähnliche Möglichkeiten. In Neapel war in der Goethezeit die ›Trattoria Tedesca‹ des Schweizers Joseph Morf beliebt. »Man kocht hier ganz auf deutsche

ROM

Deutsche Wurstfabrik

Alfred Mehnert

Rom

Via della Croce 32 – 33. — Fernsprecher 61645

In nächster Nähe des freigelegten Augustusgrabes.
Verbindungsstraße zwischen Piazza di Spagna und dem Corso.

Deutsche Wurstwaren

Rauchfleisch Sauerkraut

Alle deutschen u. italienischen Spezialitäten

Lieferung frei ins Haus. Reelle Preise. Aufmerksame Bedienung.

Reiseführer-Werbung, Rom 1937

Weise und ich ließ mir Bohnen und Bratwurst schmeken«, berichtet August von Goethe 1830 seinem Vater nach Weimar.[15] Der Maler Carl Blechen und seine Künstlerfreunde haben hier gegessen, der Schriftsteller Wilhelm Waiblinger hat die Trattoria auf dem Pizzofalcone als seine Postadresse angegeben.[16] Später unterhielt dann der 1863 gegründete Verein ›Deutsches Casino‹ in Neapel ein eigenes Lokal, ebenso der 1893 gegründete Club ›Deutsche Colonie‹, wo an nationalen Festtagen auch sogenannte ›vaterländische Abende‹ veranstaltet wurden.[17]

Zur Freude am ›deutschen‹ Essen und Trinken (vor allem dem schmerzlich vermissten Bier) kam an solchen Orten zusätzlich das Vergnügen, immer wieder deutsche Landsleute zu treffen. »So recht ein gutes deutsches Kneipenlokal«, findet Theodor Fontane 1874 im (unter Schweizer Leitung stehenden) ›Bauer Grünwald‹ in Venedig, »alle Deutsche finden sich hier zusammen«. Und seine Frau Emilie schwärmt in ihrem Lieblingsrestaurant in Rom, der von einem Österreicher betriebenen Birreria ›Gambrinus-Halle‹ am Corso: »Hier waren wir mit einem Male wie in Berlin«.[18]

Teetopf im Gepäck, Beefsteak im Sinn
Reisende Briten

Auch die Briten, klassische Reisenation längst vor den Deutschen und durch koloniale Erfahrungen mit dieser Art des Lebens in der Fremde vertraut, pflegten in Italien ihren eigenen Stil. Das begann, ebenso wie bei den Deutschen, bereits bei der Auswahl der Hotels. Der Reiseführer gab entsprechende Empfehlungen, die manchmal schon durch ihre Namensgebung britisches Flair verströmten, wie ›Arme di Inghilterra‹ in Siena oder ›Isole Britanniche‹ in Terni.[19] In Bologna möge man im ›San Marco‹ absteigen, das dort ausliegende Gästebuch enthalte »die meisten unserer bekannten adligen Namen«. In Florenz übernachte man im ›d'Italie‹, der Besitzer sei mit einer Engländerin verheiratet. Und in Perugia wende man sich an das ›Europa‹, der Gründer des Hotels habe viele Jahre in englischen Familien gelebt.[20] In anderen Fällen genügte der Hinweis auf »*every English comfort*« oder »*servants speaking english*«,[21] was früher keineswegs selbstverständlich war, die Verkehrssprache in den Hotels war Französisch.

Dabei konnte es vorkommen, dass Absteigen sich gegenseitig konkurrierend als ›englisch‹ oder ›deutsch‹ profilierten, was man an den Eintragungen in historischen Gästebüchern noch heute erkennen kann. In Amalfi beispielsweise bevorzugten die Deutschen das ›Cappuccini‹, die Briten das ›Luna‹ – beides säkularisierte franziskanische Konvente. Auf Capri galt das ›Pagano‹ als deutscher Ort, Briten (und Besucher, die dem aus dem Weg gehen wollten) mieteten sich im ›Quisisana‹ ein. Beide grandtouristische Nationen waren sich im 19. Jahrhundert nicht grün, die Briten galten den Deutschen als oberflächliche Massentouristen.

Auch die Briten vermissten die kulinarischen Gewohnheiten ihrer Heimat schmerzlich und versuchten, den Mangel entsprechend zu kompensieren. »Der Tee ist in den kleineren Herbergen (*inns*) generell so schlecht, dass Reisende in Italien gut daran tun, ihren eigenen Vorrat mitzuführen und, was ebenso nötig ist, einen kleinen metallenen Teetopf«. Wer außerdem abends statt einer vollen Mahlzeit nur Tee oder Kaffee trinken möchte, müsse daran denken, sich selber unterwegs mit der häufig fehlenden Milch zu verproviantieren.[22] Und in kleineren Orten, in denen gepflegte Hotels fehlten, solle ein Reisender, der das könne, sich einfach sein Omelette selber braten – »oder der Wirtin beibringen, wie man *ham and eggs* macht«.[23] Reisende Briten standen den Deutschen in nationaler Attitüde nicht nach.

Sofern man nicht darum herumkomme, in einem ›*Italian inn*‹, also einem landestypischen Hotel, abzusteigen, dürfe man nicht allzu viel erwarten: »Der Vorrat an Lebensmitteln ist im Durchschnitt spärlich und die Auswahl in diesem knappen Bestand sehr begrenzt«. Selbst in Städten mit sehr anständigen Häusern finde man manchmal »nichts anderes als betagte Hähne und Hühner (*chickens* genannt), mager und zäh die einen wie die anderen, Rind-, Hammel- und Kalbfleisch ebenso schwer zu kauen, Suppen mit verschiedenen Namen, bestehend aus Wasser mit Schaum darauf und dem einen oder anderen, was darin schwimmt usw.«[24]

Der englische Schriftsteller Charles Dickens, Schöpfer von *Oliver Twist*, der 1844/45 durch Italien reiste, gibt in seinen *Pictures from Italy* ein schönes Beispiel für ein solches ›mageres‹ Menü (die Szene spielt in einer Poststation in der südlichen Toskana), gleichzeitig eine Probe des britischen Humors, der dabei hilft, sich mit dem Ungewohnten heiter zu arrangieren:

»Wir bekamen das übliche Abendessen in diesem einsamen Wirtshaus, und es ist ein recht gutes Essen, wenn man sich einmal daran gewöhnt hat. Zuerst gibt es eine etwas willkürlich zusammengekochte Suppe mit Reis und Gemüse darin, die aber sehr gut schmeckt, wenn man sie mit viel geriebenem Käse und reichlich Salz und Pfeffer gewürzt hat, dazu das halbe Huhn, von dem die Brühe stammt. Dann folgt eine geschmorte Taube, garniert mit eigenen und fremden Lebern und Mägen, und ein bißchen Roastbeef von der Größe eines kleinen französischen Brötchens. Der Nachtisch besteht aus einer Scheibe Parmesankäse und fünf winzigen, runzligen Äpfeln, die sich, alle auf ein Tellerchen gehäuft, zusammenkauern, als suchten sie sich davor zu retten, verzehrt zu werden«.[25]

Nicht zuletzt mit dem Fleisch hatten die Briten, an *beef* und *mutton* gewöhnt, ihre liebe Not. Denn viel und gutes Fleisch, vor allem Rindfleisch, war für sie Ausweis kulinarischer Kultur, im Süden hingegen, vor allem im mediterranen Italien, spielten (und spielen bis heute) Fleischmahlzeiten eine geringere Rolle.[26] Kritisiert wurde die Qualität des Fleischs ebenso wie die Art, es zuzubereiten – es werde so lang auf dem Rost gebraten, bis es hart und trocken sei (was in den Bedingungen des wärmeren Klimas seine Ursache gehabt haben mag). Statt mit Kalb- und Rindfleisch müsse man oft mit viel zu fettem Schweinefleisch vorliebnehmen. Die in Italien geschätzten Innereien fanden genauso wenig Zuspruch wie die gebratenen Vögel. »Singvögel, von der Natur dazu bestimmt, das menschliche Ohr zu erfreuen […] sind bei ihnen zum Tafelluxus geworden«, empört sich in Siena Peter Beckford – in England als Autor mehrerer Bücher über die Fuchsjagd bekannt.[27] Und Lady Anna Miller, die auf ihrer Reise regelmäßig das Essen kommentiert, fasst nach einem *supper* im toskanischen Radicofani mit einer, wie sie meint, bis zur Unkenntlichkeit verbrannten Poularde ihre Wünsche in einem einzigen Satz zusammen: »Ich träume von einem englischen Käsebrot mit einem kleinen Bier«.[28]

Solche Wünsche waren natürlich am ehesten in den großen Städten zu erfüllen. Hier öffneten in der zweiten Hälfte des 19. Jahrhunderts, beliebt bei durchreisenden Touristen wie bei Angehörigen der britischen Diaspora, britische oder den Briten nahestehende Cafés und Clubs ihre Pforten. In Rom war es das 1893 gegründete und bis heute existierende ›Babington's‹ an der Piazza di Spagna mit seinem steinernen Schild *Tea Rooms*, in Florenz das ›Doney's‹ in der Via Tornabuoni, in Neapel das ›Caflish‹. Der Begriff *tea room* sollte durch die Briten in Italien populär werden, er schmückt heute Bars selbst in kleinen Dörfern, in denen sehr selten Tee bestellt wird, der zudem noch immer das Doppelte eines Kaffees kostet.

Und natürlich gab es, ausgeprägter noch als für die Deutschen, ›nationale‹ Läden, in denen man sich mit heimischen Lebensmitteln und sonstigen Gütern versorgen konnte. In Neapel – neben Livorno einer Hafenstadt mit einer besonders großen britischen Diaspora – etwa waren es (um 1900) die ›International Crocery Codrington & Co.‹ in der via Chiaia oder die ›English Grocery Stores‹ an der Piazza dei Martiri – wenige Schritte entfernt von der ›deutschen Bäckerei‹ von Herrn Kesel aus München.

Gastrokultur, Diaspora und nationale Identität

In einem freilich unterschieden sich Briten und Deutsche deutlich. Jene kamen aus einer gefestigten Nation mit einer alten demokratischen Tradition, diese hingegen waren lange Zeit Deutsche, ohne dass es ein ›Deutschland‹ überhaupt gegeben hätte. Die eigentümlichen und oft bizarren gemeinschaftlichen Attitüden der Deutschen in Italien spiegeln daher die nationalen Defizite der ›verspäteten Nation‹ und die Versuche, sie idealiter im fremden Land zu kompensieren. Oder sie, nach der Reichsgründung 1871, immer wieder neu und nicht selten aufdringlich zu zelebrieren. Der eigene, der heimische Geschmack war, ähnlich wie die Sprache, das einigende Band, er signalisierte Zugehörigkeit zu einer Gemeinschaft von Menschen, die es als politische Einheit zunächst nicht gab und die in der Folgezeit mit ihrer Identität immer wieder Schwierigkeiten hatte.

Vor allem in der deutsch-römischen Künstlerkolonie war seit der Goethezeit eine Diaspora entstanden, in der dieser ›deutsche‹ Geschmack eingebettet war in die Kultivierung der Ideale eines umfassenden ›deutschen Lebens in Rom‹ (wie ein einschlägiger Titel lautete[29]), das sich scharf gegenüber dem Italienischen abzugrenzen suchte, allenfalls offen war für Künstler anderer nationaler Herkunft. Die Künstler (und solche, die sich dafür hielten) lebten im Viertel rings um Trinità dei Monti, häufig in Haus- oder Wohngemeinschaften, die sich immer wieder aus neu ankommenden Landsleuten rekrutierten. Sie unternahmen gemeinsame Ausflüge, feierten eigene Feste, hatten zeitweise einen eigenen Gesangsverein, die Evangelischen eine eigene Kapelle in der Preußischen Botschaft. Es war eine Mikrosozietät, die sich gegenüber ihrer Umgebung als quasi extraterritorial kultivierte und deren Angehörige sich, von Ausnahmen abgesehen, für die Menschen und deren politische Verhältnisse vor Ort kaum interessierten. Sehr drastisch hat das Carl Ludwig Fernow formuliert, ein Bauernsohn und Rom-Schwärmer, der 1794 in die Ewige Stadt kam und nach fast zweijährigem Aufenthalt an einen Freund in Deutschland schrieb: »Mit Italienern habe ich kaum Umgang. Der Zeitaufwand würde sich nicht lohnen, und in Rom hat man keine Ursache, ja, es wäre Sünde, seine Zeit zu verschwenden«.[30]

Im Übrigen scheint die Distanz, mit denen die Deutschen den Italienern gegenübertraten, von diesen erwidert worden zu sein. Glaubt man einem entsprechenden Bericht, den der kritische Wilhelm Waiblinger 1830 publizierte, so standen im Ansehen der Römer die Deutschen weit hinter Engländern und Franzosen zurück, wirkten wegen ihrer Kleidung, ihrer Haartracht, ihres Benehmens als unelegant und tölpelhaft, von einzelnen leuchtenden Ausnahmen abgesehen.[31]

Deutsch essen (was auch immer dies bedeuten mochte in einer Zeit, in der es ja noch weniger als heute eine nationale Küche gab) war also nur eine Facette jenes ›deutschen Lebens‹ in Rom und anderswo, in dem sich über landsmannschaftliche Grenzen hinweg eine frühe Form der deutschen Einheit entwickelte. Denn diejenigen, die sich da bei einem ›deutschen Wirt‹ trafen (der auch aus Wien oder aus Karlsbad stammen konnte), waren ja in den lokalen Melderegistern, den *stati delle anime*, als *prussiani* (Preußen), *sassoni* (Sachsen), *palatini* (Pfälzer) und so weiter registriert, trugen sich entsprechend in die Gästebücher ein oder stellten

Peter von Hess, *Deutsche Künstler in Rom*, 1823

sich in Gesellschaft so vor.[32] Bei Tisch in der römischen ›Künstlerrepublik‹ (wie sie gern genannt wurde) schienen nicht nur die sozialen Unterschiede aufgehoben zu sein (ein Souverän wie Ludwig I. von Bayern ging mit den Künstlern zechen, ließ sich dabei auch noch abbilden[33]), sogar die politische Kleinstaaterei konnte im fernen Süden in der Utopie eines einigen deutschen Vaterlandes aufgehen, längst bevor dies im Norden Realität werden sollte.[34] Als der sächsische Maler Ludwig Richter im September 1823 in Rom ankommt, erlebt er gleich am ersten Tag beim Abendessen ein Wunder »wie beim ersten Pfingstfeste, ein Gemisch aller Zungen, man hörte da die Bayern und Schwaben, Österreicher und Rheinländer, die Norddeutschen, Dänen und Livländer in ihren Sprachen und Dialekten reden, und meine Landsleute, zahlreich vertreten, glänzten in einigen Prachtexemplaren im pikantesten Sächsisch«.[35] Beim deutschen Essen in einer römischen Osteria erneuert sich also das pfingstliche Sprachenwunder: Alle verstehen einander und begreifen sich als Teil einer Gemeinschaft der Menschen deutscher Zunge.

Im Vormärz sollten deutsches Essen und deutsche Einheit in Rom dann sogar politisch zueinanderfinden und die revolutionären Auseinandersetzungen in der Heimat begleiten. Als die deutschen Künstler am 16. November 1847 dem neugewählten Papst Pius IX. mit einem Festzug huldigen wollten, taten sie dies mit einer schwarz-rot-goldenen Fahne, der Fahne der Republik. Auf den Straßen von Berlin sollte sie erst vier Monate später zu sehen sein. Und als sie dort bereits erneut verboten war, im Mai 1849, wehte sie in Rom noch immer: auf dem Vereinshaus des Deutschen Künstlervereins, in dessen Räumen »deutsch« gekocht, gegessen und getrunken wurde.[36]

Annäherungen an den fremden Geschmack

Die Reise als kulinarisches Abenteuer

Gegessen wird, was auf den Tisch kommt
In den Poststationen

Jenseits der größeren Reisezentren blieb die Italienreise lange Zeit Aufbruch in ein kulinarisch unvertrautes und wenig geschätztes Terrain. Das begann in der Ära der Kutschenreise bereits in den Poststationen, wo man auch speiste und mit dem zufrieden sein musste, was man vorgesetzt bekam.[1] Die Reiseberichte sind voll von Klagen, die von den hygienischen Verhältnissen über den rüden Umgangston bis zur Qualität des Angebots reichen – die Poststation war die erste Begegnung mit der Fremde und mit dem fremden Geschmack. Ältere Apodemiken (also die damaligen praktischen Reiseratgeber) rieten zur Mitnahme eines eigenen Bestecks mit Löffel, Messer und Gabel[2] – ein Versuch, dem Fremden wenigstens instrumentell mit Eigenem gegenüberzutreten. Ein Begleiter der französischen Malerin Elisabeth Vigée-Lebrun, die 1789 mit ihrer Tochter vor den revolutionären Umtrieben aus Paris nach Italien geflohen war, führte im Gepäck sogar einen eigenen Kochtopf mit.[3]

Um sich gegen die allseits befürchtete Übervorteilung durch die Wirte abzusichern – das Misstrauen gegen die Rechnungslegung der Italiener ist uralt –, pflegte, wer mit dem Vetturino, also einem privaten Lohnkutscher, unterwegs war, mit diesem eine Art *all-inclusive*-Vertrag abzuschließen, der auch Anzahl und

Art der in den Poststationen zu servierenden Gerichte festlegte; bis in die Mitte des 19. Jahrhunderts enthielten Reiseführer entsprechende Musterformulare.[4]

Besonders prekär waren die Verhältnisse dort, wo es keine Poststationen gab und der Reisende daher noch intensiver mit der lokalen Küche konfrontiert war, etwa in Sizilien. Goethe, der während seiner italienischen Reise einen durchaus offenen Blick für die »Eßwaren« hat,[5] weigert sich in Sizilien, dem Beispiel seines Vetturino und anderer Einheimischer zu folgen und rohes Gemüse, Kohlrabi und »Disteln« (vermutlich *cardone*, eine Wildartischockenart) zu essen; in Catania weist er eine kräftig mit dem heimischen Safran gewürzte Henne (*pollo allo zafferano*, eine sizilianische Spezialität) als »ungenießbar« zurück.[6]

Regierende Häupter und andere Personen von Stand, die ohnehin meist bei ihresgleichen nächtigten, hatten im 18. Jahrhundert bei ihrer Grand Tour natürlich einen eigenen Koch im Gefolge.

J. H. W. Tischbein, *Poststation in den Pontinischen Sümpfen*, 1787

Table d'hôte und Gabelfrühstück. Speisen im Hotel

Am Ziel angekommen pflegte man in der Regel im Hotel auch die Mahlzeiten einzunehmen. Die Küche der besseren Hotels orientierte sich am französischen Geschmack, der seit dem 18. Jahrhundert gesamteuropäisch als Standard galt. Und natürlich erwartete den Gast hier ein festes Menü. Für Sonderwünsche an Speisen und Getränken oder für Bedienung auf dem Zimmer wurden, wenn überhaupt möglich, sehr viel höhere Preise verlangt. Bereits Adolph Freiherr von Knigge warnt in seinem berühmten Ratgeber *Über den Umgang mit Menschen* Reisende nachdrücklich vor dergleichen Extratouren.[7] Wohl eher die Ausnahme scheint gewesen zu sein, was Johann Caspar Goethe, der Vater des Weimarer Dichters, 1740 aus seinem Hotel in Bologna berichtet, wo es, wie er schreibt, wegen der bekannten Abneigung der Deutschen gegen Knoblauch und Zwiebeln neben dem französischen ein eigenes deutsches Menü mit zwei getrennten Tafeln gegeben habe.[8]

Gegessen wurde, ebenfalls nach französischem Vorbild, an der Table d'hôte, einer langen gemeinsamen Tafel. Da Reisende aus höheren gesellschaftlichen Schichten auf diese Weise gezwungen waren, mit Personen einfacheren Standes oder möglicherweise zweifelhafter Herkunft die Tafel zu teilen, stieß diese Einrichtung immer wieder auf Missvergnügen. Der Wirt platzierte die Gäste, was standesbewussten Personen die Table d'hôte verleiden konnte, sofern sie sich nämlich falsch platziert fühlten – bis ins 20. Jahrhundert gab es feste Regeln der Sitzordnung, die den jeweiligen gesellschaftlichen Rang des Gastes zum Ausdruck bringen sollten. Alleinreisende Damen, die sich neugierigen oder herausfordernden Blicken ausgesetzt fühlten, konnten sich ebenfalls an der Table d'hôte unwohl fühlen. So die sensible Mary Wollstonecraft-Shelley, damals 43 Jahre alt, verwitwet und als Autorin des *Frankenstein*-Romans bereits eine berühmte Persönlichkeit, die 1840 aus dem Hotel de la Ville in Mailand berichtet (es wurde von einem englisch-schweizerischen Ehepaar geführt und daher vorzugsweise von Briten frequentiert):

»Um vier Uhr [am Nachmittag] beginnt der table d'hôte. Ich war versucht, in meinen eigenen Zimmern zu dinieren. Ich fühle mich so ausgestoßen, wenn ich allein nach unten gehe, aber ich habe der Versuchung widerstanden, denn nur hier bin ich unter Menschen, und obwohl es nicht allzu angenehm ist, fühle ich mich hinterher besser. Als wir ankamen, war unser Platz ganz unten am Tisch. Ich bin nach und nach aufgestiegen und sitze nun in der Nähe meines Bekannten, des französischen Konsuls, am Kopfende«.[9]

Angerichtet wurde die Table d'hôte zweimal am Tag. In der Mittagszeit nahm man das sogenannte Gabelfrühstück (*déjeune à la fourchette*) ein, in Deutschland auch ›zweites Frühstück‹ genannt – »eine altmodische Bezeichnung, die mir aber trotzdem immer besser klingt als Lunch«, wie Fontane den alten Stechlin sagen

Charles Huard, *An der table d'hôte*, 1899

lässt.[10] Die Hauptmahlzeit (*diner*) wurde am frühen Abend, in der Zeit von 17 bis 20 Uhr serviert.[11]

Auf dem Land und vor allem im Süden waren die Verhältnisse bescheidener. »Die *Osterie* sind in entfernt liegenden Gegenden so schlecht und unkomfortabel, wie sie zu Zeiten Montaignes waren, nur dass die Holzläden durch Fensterscheiben ersetzt wurden, und die Küche ist dort genauso wie der Empfang«, warnt Murrays *Handbook* (1865).[12] Folgt man den Berichten des Schweizer Lehrers und Journalisten Joseph Viktor Widmann, der 1903 – übrigens im Alter von bereits 61 Jahren und schwer hörbehindert – mit der Eisenbahn durch die kaum besuchten Regionen Kalabrien und Apulien fuhr, so musste sich dieser beispielsweise in seinem Hotel in Reggio/Calabria tatsächlich mit einer Kartoffelsuppe zufriedengeben; dafür registriert er landestypischen Nachtisch wie etwa in Cosenza in Weinblättern konservierte Trauben[13] (eine Spezialität, die noch heute auf dem Land gelegentlich zu finden ist).

No breakfast

Frühstück wurde, selbst in den großen Städten, von den Hotels meist nicht angeboten, was für Besucher von jenseits der Alpen befremdlich war.[14] Bis heute sind die gastronomischen Rituale des Tagesbeginns diejenigen, die sich am hartnäckigsten allen Versuchen der sonst auf diesem Feld üblichen internationalen Anpassung widersetzen.[15] Und den Italienern war und ist das Frühstück, jedenfalls in seinen mittel- und nordeuropäischen Formen, unbekannt. »Man begnüge sich mit einer Tasse schwarzen Kaffees«, rät Pellegrino Artusi, der erste italienische Kochbuchklassiker, als idealen Einstieg in den Tag, und wenn es denn sein müsse, dazu ein kleines Gebäckstück (*crostino*).[16] Das war mehr noch als für die Deutschen für die Briten ein Problem, waren diese doch von Haus aus an ein eher üppiges Frühstück gewöhnt. Die englischen Reiseführer wiesen daher bereits bei den Hotelempfehlungen auf die wenigen Häuser ersten Ranges hin, die ein *breakfast* mit Butter, Eiern oder sogar Fleisch anböten. Auch bei den Kaffeehäusern gab es entsprechende Hinweise. Dort nahm man, italienischem Brauch folgend, den Morgenkaffee ein und das, was als Frühstück eventuell zur Verfügung stand.[17] Schwieriger konnte es bei der Durchreise in kleineren Städten werden. Auf originelle Weise behelfen sich Charles Abbot und sein Freund Hugh Leycester 1788 in Foligno über den Mangel an Milch beim Frühstück hinweg: »Wir nahmen frische Eier statt Milch«.[18] Noch in den 1930er Jahren gehörte das Frühstück, die *prima colazione*, nicht zum Regelangebot der italienischen Hotels, pflegte man, wenn überhaupt, im Café zu frühstücken.[19] Erst mit dem steigenden Tourismus der Nachkriegszeit hat es sich, in welcher Form auch immer, so gut wie überall in den Hotels etabliert.

»Ruhe von allem Wirtshausleben« (Goethe)
In den eigenen vier Wänden

Angesichts der großen Distanz der Nordländer gegenüber der italienischen Küche wundert es nicht, dass, wer längere Zeit in Italien blieb, sich in seinen eigenen vier Wänden einrichtete und sich dort mit Speis und Trank versorgen ließ oder selbst versorgte. Das bot die Möglichkeit, auf die Zusammensetzung und Zubereitung der Speisen ein Auge zu haben, zum Beispiel das verabscheute Olivenöl oder den widerlichen Knoblauch aus dem Verkehr zu ziehen. Gemietete Wohnungen erfreuten sich daher als Unterkunft größter Beliebtheit. Ida von Hahn-Hahn berichtet aus der Mitte des

19. Jahrhunderts, dass es an der Chiaia in Neapel, also dem Fremdenzentrum, keine zehn Häuser mehr gegeben habe, die nicht vermietet seien.[20] Personal verursachte die geringsten Kosten, man konnte einen eigenen Koch oder eine Küchenhilfe engagieren[21] oder sich von seinem Hauswirt oder seiner Hauswirtin in einer Art Voll- oder Halbpension versorgen lassen und dann die Gerichte mit ihnen persönlich aushandeln.[22] Die Preise waren moderat, der Maler Joseph Führich zahlte 1827 für eine Zweizimmer-Wohnung in Rom einschließlich Bedienung monatlich sechs Scudi, das entsprach 12 Gulden.[23]

Auch Goethe hat diese Art der Versorgung während seines römischen Aufenthaltes gewählt. Am zweiten Tag nach seiner Ankunft zieht er zu Tischbein in die Künstler-Wohngemeinschaft im Palazzo Moscatelli am Corso 18 und kommt mit den Vermietern, dem Kutscher Sante Serafino Collina und dessen Frau Piera, überein, dass diese für die täglichen Mahlzeiten der vier Künstler sorgen sollten. »Wie wohl mir dies aufs Italiänische Wirthshausleben thut, fühlt nur der, der es versucht hat«, schreibt er erleichtert an die Freunde in Weimar. Gleich zu Beginn hatte er allerdings Pech mit dem, was seine Wirtsleute auftrugen – offenbar hatte man sich noch nicht richtig abgesprochen: »Sie waren gestern untröstlich, als ich von der Zwiebel Suppe nicht aß, wollten gleich eine andre machen«.[24]

Über die Haushaltsführung im Palazzo Moscatelli geben die unveröffentlichten Abrechnungen Aufschluss, die Collina zu Monatsende Goethe aushändigte, der auch für die Wohngenossen die Kosten übernahm.[25] Das Mittagessen (*pranzo*) bestand aus mehreren Gängen, nach der *minestra* kam regelmäßig Fleisch auf den Tisch, manchmal zwei Sorten zugleich (Rind, Kalb, Lamm, seltener Geflügel). Dazu gab es Gemüse, im Sommer Erbsen und Bohnen, im Winter Broccoli,

J. H.W. Tischbein, *Goethe mit seinen römischen Wirtsleuten*, 1786

Blumenkohl und andere Kohlarten. Ferner sorgten die Wirtsleute für Käse und *frutta* (Kirschen, Feigen, Birnen, Melonen, Weintrauben) – Goethe hatte, wie eigene Ausgabenhefte und sein Tagebuch zeigen, in Italien eine besondere Vorliebe für Obst.[26] Mitte September lässt er sich mehrfach eine spezielle Birnensorte (*pera spadone*) bringen.[27] Und natürlich fehlen nie *pane e vino* in den täglichen Abrechnungen.

Dabei handelte es sich in der Regel um lokalen Weiß- oder Rotwein, aber auch »Wein aus Florenz« und »Wein aus Chianti« tauchen auf.[28] Beim Käse scheinen die Wirtsleute besondere Geschmacksvorlieben ihres Gastes berücksichtigt zu haben, so für Schweizer Sbrinz.[29]

In den Herbst- und Wintermonaten folgen Schweinefleisch und *salsiccia,* dazu die von Goethe auch in Deutschland geschätzten gerösteten Kastanien (*caldarroste*). Außerdem kommen nicht nur Wachteln, sondern auch Lerchen (*lodole*) und Drosseln (*tordi*) auf den Tisch. Und endlich kann die Küche jetzt mit Schmalz (*strutto*) und vor allem ausgiebig mit Butter zum Braten arbeiten, ein halbes Pfund *buttiro* steht im Januar fast täglich auf der Rechnung.[30]

Fisch gibt es so gut wie nie,[31] dabei lassen einige Posten in der Abrechnung erkennen, dass Goethes Hausleute bemüht waren, ihrem Gast aus dem Norden entgegenzukommen. Im Februar gibt es zweimal außer Fleisch Heringe (*arringhe*), ein im Süden kaum bekannter Fisch, den aber Goethe bekanntlich sehr schätzte.[32] Und eine andere Abrechnung vermerkt einen Einkauf, der das entsprechende Gericht geradezu erahnen lässt: »Kabeljau mit Eiern und Butter für denselben« – das gute alte panierte Fischfilet.[33]

Dabei haben Goethe und seine Mitbewohner, die Maler Tischbein, Schütz und Bury, die größte Anpassung des Speiseplans seiner Wirtsleute an die Küche des Nordens vielleicht noch nicht einmal registriert: Sie müssen, wie Collinas Abrechnungen zeigen, weder an Freitagen noch an den vierzig vorösterlichen Fastentagen auf das gewohnte Fleisch verzichten. Das Einwohnermeldeverzeichnis hatte sie als ›Protestanten‹ registriert.[34]

Natürlich wurde bei Tisch serviert. Nach seiner Rückkehr aus Neapel lebt der 28-jährige, aus der Pfalz gebürtige Karl Pieck als Diener bei Goethe,[35] in den Abrechnungen taucht er als *servitore* oder *omo [=uomo] che serve* auf, hatte also sein eigenes Essen.[36]

Kein Zweifel, der Reisende konnte in den eigenen vier Wänden die ersehnte »Ruhe von allem Wirthshausleben«[37] mit allem Komfort genießen und dabei die eigenen heimischen Geschmacksvorlieben nicht zu kurz kommen lassen.

Für weniger gut bemittelte Besucher gab es in Rom spätestens in der zweiten Hälfte des 19. Jahrhunderts noch eine weitere Möglichkeit, sich nach mehr oder minder individuellem Gusto versorgen zu lassen. Fanny Lewald schildert sie 1867 als eine von ihr selbst bevorzugte Praxis: Am Morgen gehe sie zum Inhaber eines bestimmten Restaurants, um bei ihm ihre Bestellung für die Mittagsmahlzeit aufzugeben, die dann »gut auf Schüsseln angerichtet in einem mit Kohlebecken versehenen, viereckigen Blechkasten pünktlich und zu jeder beliebigen Stunde in das Haus gebracht« werde. Und sie fügt hinzu, dass es unter den Fremden in Rom weit verbreitet sei, sich zu Hause von »Austrägern« mit solchen, wie sie sie nennt, »Wärmemaschinen« aus den Restaurants beliefern zu lassen.[38] Das Catering war geboren.

Essen wie die Einheimischen. Die Speisehäuser

Eigene landestypische Lokal-Empfehlungen, wie sie im heutigen Tourismus die größte Rolle spielen, gab es in deutschen Reiseführern vor Mitte des 19. Jahrhunderts nicht; erst Karl Baedeker nahm neben anderen praktischen Hinweisen die Rubrik »Speisehäuser« auf. Dabei klingt in den frühen Ausgaben noch deutliche Reserve gegenüber Landestypischem an, so wenn es 1880 heißt: »Die Speisehäuser (*trattorie*) werden vorzugsweise von Italienern und einzelnstehenden Fremden, seltener von Damen besucht.«[39] Und für den Süden warnt er: »Speisehäuser ersten Ranges gibt es in Süditalien nicht«.[40] Noch kategorischer urteilt Murrays *Handbook* unter der Rubrik »Trattorie« in seiner Ausgabe von 1865 selbst für die Großstadt Neapel: *»All inferior and uncomfortable«*. Und noch ein Jahrzehnt später heißt es dort, Trattorien würden von Fremden kaum besucht; sollte dennoch einmal ein Reisender den Wunsch verspüren, die »übliche neapolitanische Küche« (*the regular Neapolitan cuisine*) zu probieren, so möge er eben entsprechende Erkundigungen einziehen.[41] Noch war das Interesse am fremden Geschmack und am fremden Ambiente gering; dass dort »auch die Italiener« anzutreffen seien, sprach eher dafür, ein Lokal zu meiden.

Rudolf von Alt, *Italienisches Wirtshaus*, 1868

Zur gleichen Zeit melden sich Stimmen gegen die Fixierung der Besucher auf die ›feine‹ französische Hotelküche. Man brauche schließlich nicht über die Alpen zu reisen, um »Gasthöfe aufzusuchen, die man daheim ebenso gut oder gar noch besser« habe, erinnert Viktor Hehn in seinen *Ratschlägen, die nicht im Baedeker stehen* (1878).[42] Und die selbstbewusste Fanny Lewald mokiert sich über die dauernden gastronomischen Mäkeleien ihrer Landsleute, die auch in Rom partout nicht auf ihre heimischen Gewohnheiten verzichten wollten, überall nach »deutscher Hausmannskost« (Lewald) verlangten und – das zielt auf die Männer – ja auch in Deutschland von Hauswirtschaft keine Ahnung hätten. Dabei könne man in römischen Speisehäusern gut und zu günstigen Preisen essen – halt »eben alla romana«.[43]

Es sollte lange dauern, bis solche Stimmen, die Opposition zum verbreiteten Gastro-Nationalismus, beim reisenden Publikum Gehör fanden. Und am ehesten können wir diese Entwicklung im vielbesuchten Rom und unter Künstlern und Intellektuellen beobachten, die sich auch für Art und Sitte des Landes zu interessieren wussten.[44]

Dabei konnte man in den einheimischen Lokalen, den Trattorien (die Begriffe schwanken), anders als in den Hotels, *à la carte* essen, war also nicht auf das vorgegebene Menü angewiesen. Allerdings war eine gewisse Kenntnis der Landessprache die Voraussetzung dafür, sich in solchen Lokalen bewegen zu können. Solche Kenntnisse waren mit dem anwachsenden Reiseverkehr nicht mehr selbstverständlich. Für Unmut sorgte, dass in italienischen Trattorien jede Beilage, sogar das Brot, einzeln berechnet wurde[45] – die Deutschen werden bis weit nach dem Zweiten Weltkrieg brauchen, um sich an diese Art der Rechnungslegung zu gewöhnen.

Zumindest in den größeren Städten jedoch waren die ›Speisehäuser‹ besser als der ihnen von den Reiseführern angehängte Ruf. So beobachtet der spätere Bremer Domprediger Carl Rudolf Schramm in seiner römischen Trattoria (er nennt den Namen nicht), dass sich unter italienischen und deutschen Gästen auch Damen »ungenirt und unbelästigt ganz allein zu Tisch« einfänden.[46] In jedem Fall bot der Besuch einer Trattoria die Möglichkeit, aus der üblichen nationalen Isolation auszubrechen und sich geschmacklich dem Fremden anzunähern. Vor allem in Rom etablierten sich auf diese Weise seit der Goethezeit einige italienische Lokale, die ausgesprochen gern von Fremden besucht wurden und in ihrem Angebot eine frühe interkulturelle Begegnung zwischen nördlichem und südlichem Geschmack erkennen lassen.

Eines von ihnen war die Trattoria ›Lepre‹, ein glücklicher Fund erlaubt genauere Einblicke in deren Angebot.

Sauerkraut und Singvögel. Eine Speisekarte aus einem römischen Künstlerlokal

Die Trattoria ›Lepre‹ in der Via Condotti stand zwar unter italienischer Leitung, erfreute sich aber in der internationalen Fremdenkolonie und bei durchreisenden Gästen großer Beliebtheit. Johann Joachim Winckelmann, Karl Philipp Moritz und Ludwig Richter haben dort gegessen, aber auch Engländer und Franzosen frequentierten sie – die »weltberühmte Hasenschenke«, wie sie Adolf Stahr 1846 ein wenig ironisch tituliert.[47] Am 1. Februar 1847 war dort der Bremer Konsul und Bankier Julius Aselmeyer zu Gast – und die an diesem Tag von ihm als Souvenir entwendete Speisekarte ist auf rätselhafte Weise in die Anlagen zu seinen hinterlassenen Konsulatsakten gelangt.[48]

Der Vordruck der Karte (*Lista giornaliera delle pietanze e prezzo di ogni porzione*) verzeichnet ein erstaunlich breites Angebot an Speisen, beginnend mit der Rubrik *Zuppe* (Suppen und andere Erstgerichte) über *Bolliti* (Gesottenes), *Fritti* (Gebackenes), *Umidi* (Geschmortes), *Erbe* (Gemüse und andere Beilagen), *Rosti* (Gebratenes), *Rifreddi* (Konserviertes) bis zu *Pasticceria* (Dessert), *Credenza* (Kaltes Buffet) und *Frutti* (Obst). Den Schluss bilden die *Vini* (Weine) und zwei *Acque Gazose*, nichtalkoholische Sprudelgetränke, nämlich Mineralwasser und Limonade. Handschriftlich ist neben dem Gedruckten dann mit Preisangaben notiert, was an dem betreffenden Tag tatsächlich im Angebot war.

Neben den vorwiegend lokalen beziehungsweise regionalen Speisen finden sich einige wenige Gerichte, mit denen der Wirt sein Angebot überregional, also quasi ›gesamtitalienisch‹ schmücken wollte, so etwa *Riso alla milanese* oder *Fegato alla veneziana*.[49] Noch weiter greift er aus, wenn er den Vertretern der beiden wichtigsten touristischen Nationen mit vertrauten

Angeboten entgegenkommen möchte. Für die Deutschen ist das in erster Linie *Salcraut*, also Sauerkraut, das zum einen bei den Beilagen, zum anderen aber in drei eigenen Gerichten erscheint (die alle an jenem Tag verfügbar waren): *Manzo* (Rindfleisch) *al salcraut, Codichino* (Schlackwurst) *al salcraut* und *Salsiccie* (Schweinswurst) *al salcraut.*[50] Außerdem gibt es unter den Desserts *Formaggio* (wohl *Crema*) *Bavarese* und *Paste* (Gebäck) *alla Tedesca.* Für die Engländer steht *Rostbiff girato, Rostbiff in Cazzaruola* und *Bifsteh semplice* unter dem Gebratenen (mit zwei am Tag vorhandenen Notierungen) sowie *Plombuden* (Plumpudding), *Budino* (Pudding) *all'Inglese* und *Zuppa Inglese* unter den Desserts. Schwieriger gastronomisch zu definieren sind eine *Zuppa alla Russa* (auch Russen zählten zu den Gästen des ›Lepre‹[51]), ein *Riso alla Portoghese* und unter den Süßspeisen eine *Ciarlotta alla Svedese* und sogar eine *Bomba Americana.*

Rücksicht auf nordische, vor allem deutsche Desiderate nimmt die Speisekarte des ›Lepre‹ mit *Birra la bottiglia*, also Flaschenbier, unter der Rubrik »Vini«, vermutlich Importware, im Preis allerdings mehr als doppelt so teuer wie eine Flasche des lokalen Weißweins.

Das ›Lepre‹ ist ein Beispiel von frühem transregionalem und transnationalem gastronomischem Austausch im Zeichen wachsenden Fremdenverkehrs von Norden nach Süden: Man wollte den deutschen beziehungsweise den englischen Geschmacksvorlieben in der

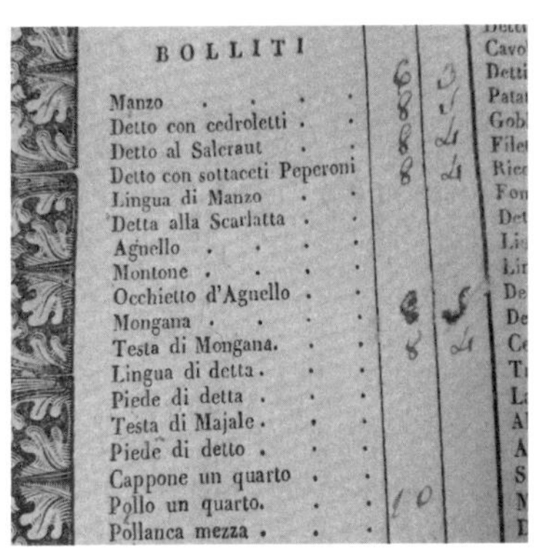

BOLLITI

Manzo
Detto con cedroletti
Detto al Salcraut
Detto con sottaceti Peperoni
Lingua di Manzo
Detta alla Scarlatta
Agnello
Montone
Occhietto d'Agnello
Mongana
Testa di Mongana.
Lingua di detta
Piede di detta
Testa di Majale
Piede di detto
Cappone un quarto
Pollo un quarto.
Pollanca mezza

Ausschnitt aus der Speisekarte der Trattoria ›Lepre‹, Rom 1.2.1847

Fremde entgegenkommen, sie in ein lokales Angebot integrieren. Zugeständnis an die auswärtigen Gäste und an eine oft wenig zahlungskräftige Künstler-Kundschaft war vermutlich die Regelung, dass die Karte bei vielen Gerichten zusätzlich den Preis für eine »halbe Portion« notierte und in einem Notabene eigens darauf hinwies.[52]

Während viele italienische Gerichte dieser historischen Speisekarte noch immer zum gastronomischen Angebot des Landes gehören, ist eine Gattung des »Gebratenen« längst verschwunden, nämlich das, was die Deutschen liebevoll ›Singvögel‹ nennen, auf der Karte höchst differenziert aufgeführt als *Tordi*, *Lodole*, *Beccafichi* und *Pivieri*, also Drosseln, Lerchen, Grasmücken und Regenpfeifer. Oder summarisch schlicht *Uccelletti di viaggio*, ›Zugvögel‹ genannt. Vorrätig waren an jenem Tag nur die Drosseln, und der Blick der meisten Deutschen dürfte ohnehin voller Missvergnügen auf den entsprechenden Zeilen gelegen haben. Kleine Wildvögel, wie sie ursprünglich auch nördlich der Alpen gegessen wurden,[53] waren in Italien lange Zeit eine Delikatesse der einfachen Küche[54] – man konnte sie in ländlichen Gegenden bis in die 1970er Jahre auf Speisekarten finden. Im Norden hingegen wurde der ›Vogelmord‹ der Italiener zunehmend zum antiwelschen Vorwurf.[55]

In Weinschenken und Bierhäusern

Und schließlich gab es für den fremden Gast noch die Taverna, die Schenke, regional auch Cantina, Bettola, Osteria, Fiaschetteria oder ähnlich genannt, und wenn irgendein kulinarischer Ort in Italien existierte, für den sich die deutsche Seele bereits in älteren Zeiten fast vorbehaltlos erwärmen konnte, dann war es dieser. Es scheint, als hätten die Deutschen die Abwehr, die sie lange Zeit dem fremden Geschmack entgegenbrachten, in diesem Milieu vergessen, geradezu kompensieren wollen. Allerdings hat die Aneignung der Weinschenken und anderer Trinkstuben sehr viel mit deren selektiver, ›nördlicher‹ Wahrnehmung sowie ihrer dezidiert literarischen Überhöhung zu tun.

Denn selbst die italienischen Weinlokale standen prinzipiell unter dem Vorbehalt des Reiseführers: »In den Weinkneipen (*osterie*) verkehren fast nur die niederen Volksschichten«.[56] Das galt vor allem für den Süden des Landes und für Gegenden, die wenig besucht wurden. Lokalhistorische Quellen bestätigen das.[57] Die Lokale waren aufs Einfachste eingerichtet, die Einheimischen spielten dort Karten, man konnte sich zum Wein seinen eigenen Imbiss mitbringen. Es waren populäre Orte, wie sie seit den 1980er Jahren in Italien mehr und mehr verschwanden beziehungsweise sich auf ›gehobenere‹ Ansprüche hin einrichteten.[58] Nur selten dürfte sich ein fremder Besucher hierher verirrt haben.

Nicht einmal der italienische Wein war bei Grandtouristen so geschätzt, wie er es heute allgemein ist, im Gegenteil. Immer wieder stößt man in älteren Reiseberichten auf Klagen über dessen »schlechte« (will sagen: ungewohnte) Qualität.[59] Das galt für die Deutschen, insbesondere aber für Grandtouristen aus dem Vereinigten Königreich: »*The most country wines are indifferent, poor and rough*«, warnte der englische Reiseführer in einem Band, der sogar die Toscana umfasste.[60] Irritierend war, dass der Wein wie schon bei den alten Römern mit Wasser oder mit Schnee verdünnt wurde – Goethe bekennt in Alcamo auf Sizilien sein »deutsches Erstaunen«, als der Knecht das um ein Drittel leere Weinfässchen am Brunnen seelenruhig mit Wasser volllaufen lässt.[61]

Die deutsche Begeisterung für die Osterien, wie sie sich dann im 19. Jahrhundert entwickelt hat und in den Gründerjahren vor dem Ersten Weltkrieg kulminierte, war konzentriert auf gewisse ›Kultorte‹, an die sich bestimmte Erinnerungen knüpften. In Rom war es beispielsweise die Osteria, die vorgeblich den Schauplatz von Goethes 15. Römischer Elegie bildet und in welcher der Dichter, versteht man sie streng autobiographisch, die geliebte Faustina getroffen habe. Bereits zu Goethes Lebzeiten glaubte die Fama sie in der Osteria ›Alla Campana‹ beim Marcellus-Theater ausgemacht zu haben. Der Dichter Wilhelm Müller hat dort 1818 im Kreis von Landsleuten »nach Burschenbrauch« Goethe hochleben lassen, andere sind ihm darin gefolgt; König Ludwig I. von Bayern hat das Lokal 1866 mit einer Marmortafel schmücken lassen (immerhin das erste Goethedenkmal in Rom!), und bis ins 20. Jahrhundert stand die ›Goethekneipe‹ (wie sie allgemein genannt wurde) als Empfehlung in den Führern.[62]

Die Osteria ›Scozzese‹ in der Via Quattro Fontane war die langjährige Stammkneipe von Johann Christian Reinhart und den ihm verbundenen ›Freisinnigen‹, die Osteria ›Chiavica‹ war durch einen deutschen Zeitungsartikel von Wilhelm Waiblinger literarisch geworden.[63] Später empfahl sich eine bestimmte Schenke als ›Stamm-Osteria‹ von Anselm Feuerbach, eine andere als diejenige von Otto Erich Hartleben und anderer damals bekannter Schriftsteller.[64] Ähnlich wie manche Cafés, allen voran das immer wieder gefeierte ›Greco‹, sind sie Teil jenes ›germanischen Rom‹, über das der genialische Außenseiter Wilhelm Waiblinger in seiner Elegie »Deutscher Künstler in Rom« spottete:

Doch es liebt sich der Deutsche den Wein, und ohne die Schenke
Kann er nicht leben, so sucht Abends den Deutschen er auf.
Dutzende sitzen beisammen in uralt römischer Höhle,
Kaum durch ein düsteres Loch stiehlt hier der Tag sich herein.[65]

Auch andernorts sollte Goethes Name locken: In Venedig warb 1908 ein ›Goethe-Bierhaus‹ mit der historischen

Präsenz des Dichters, desgleichen in Neapel ein ›Pschorrbräu‹, angeblich einst die Locanda Moriconi, »wo Goethe von Iphigenien träumte und mit dem verliebten Maler Kniep den Becher hob«.[66]

Vor allem in den Gründerjahren nach 1871 wuchs die Zahl der Orte, die mit solchen deutschen Erinnerungen oder deutschem Flair lockten. Zahlreiche Arbeitskräfte wanderten in dieser Zeit aus den deutschsprachigen Ländern nach Italien aus, um dort im Gastgewerbe tätig zu werden und jenem ›deutschen Geschmack‹ entgegenzukommen, den die im Zeitalter der Eisenbahn gewaltig anschwellende Zahl der Touristen bevorzugte. Dazu gehörte neben den Wirten als Kleinunternehmer von Restaurants, Weinschenken, Bierhäusern, Cafés und anderen gastronomischen Betrieben das in diesem Sektor benötigte Dienstpersonal.[67]

Es ist eine Entwicklung, wie sie spiegelbildlich die Ausbreitung der italienischen Gastronomie in Deutschland nach dem Zweiten Weltkrieg durch Arbeitsmigranten aus dem Süden zeigt. Noch verlangten die Deutschen in Italien nach dem eigenen Geschmack, später werden sie in Deutschland nach dem fremden verlangen.

Eine Lücke im gastronomischen Angebot schienen die deutschen Bierhäuser und Weinstuben zu schließen. In Bologna gab es die Birraria ›Belletti‹ des Luzerner Brauhauses Spiess (»Stammlokal der Schweizer und deutschen Colonie«), in Florenz das Café ›Moselstübchen‹ eines Herrn Mucke mit »deutscher Bedienung«, in Neapel die »Altdeutsche Weinstube« eines Camillo Dietz, in Anacapri das Weinlokal von Hermann Moll, einem emigrierten Schwaben.[68] Es ist bezeichnend, dass der erste gastronomische Führer Italiens in deutscher Sprache den Wein- und Bierhäusern gewidmet war, der *Italienische Schenkenführer* des Journalisten und Rom-Korrespondenten des ›Berliner Tageblatts‹ Hans Barth

Werbeanzeige, 1908

(1900), erweitert 1908 unter dem Titel *Osteria* und gefolgt 1937 von dem *Neuen Osterienbuch* des Reiseführerautors Johann Maximilian Wiesel.[69] Es war die Zeit des beginnenden ›Massenreisens‹ (Fontane) nach der Bismarckschen Reichsgründung, und sie führte zunehmend einen Typus des Reisenden nach Italien, dessen Vorstellung von ›Deutschsein‹ meilenweit entfernt war von den alten utopisch-vaterländischen Ideen des Vormärz.

Vor allem Hans Barths *Osterien*-Buch macht auf jeder Seite deutlich, in welchem Geist und mit welchen Phantasien sich in der Zeit vor dem Ersten Weltkrieg deutsches Leben und Treiben in italienischen Lokalen zu verwirklichen suchte. Es ist jene Wein- und Bierseligkeit, wie sie in Deutschland in den Kneipenabenden der Korporationen und ihrer ›Alten Herren‹ zu Hause war und sich mit einem zunehmend aggressiver werdenden Nationalismus verband. In den Kneipen von ›Deutsch-Capri‹ (so der Titel eines 1901 erschienenen Buchs) wird, wie die erhaltenen Gästebücher zeigen, nicht nur ›deutsches‹ Weihnachten gefeiert, sondern mit gewaltigem Aufwand auch Kaisers Geburtstag. *Deutschland, Deutschland über alles* schreibt ein Gast im April 1900 mit großen Buchstaben ins kosmopolitische Gästebuch des berühmten Lokals ›Zum Kater Hiddigeigei‹. Es folgen Pöbeleien gegen englische Gäste auf der Insel, und am 27. Januar 1904, an Kaisers Geburtstag, reimt im gleichen Gästebuch handschriftlich ein ungenannter Gast:

Deutscher Michel! sei auf Deinen Socken,
Halt das Schwert stets scharf,
das Pulver trocken,
Daß bis in Ewigkeit stets stolz und hehr
Gelte ›Schwarz-Weiß-Rot‹
vom Fels zum Meer.[70]

Jetzt wurde bei deutschem Essen und Trinken im Süden auf den kommenden Krieg angestoßen.

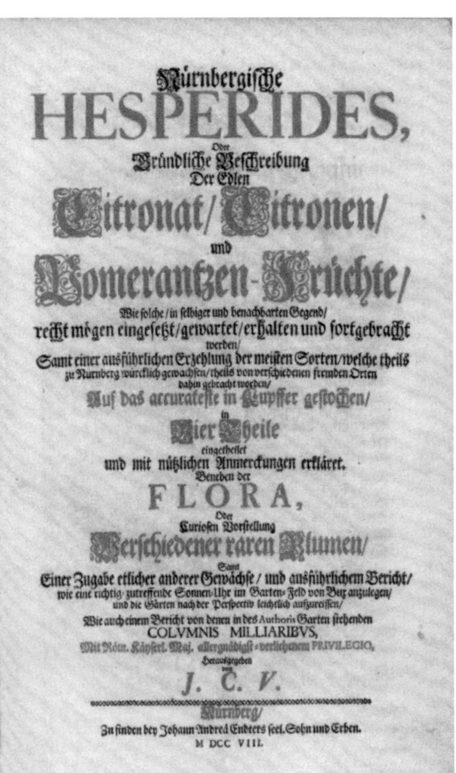

Nürnbergische
HESPERIDES,
Oder
Gründliche Beschreibung
Der Edlen
Citronat/ Citronen/
und
Pomerantzen-Früchte/
Wie solche/ in selbiger und benachbarten Gegend/
recht mögen eingesetzt/ gewartet/ erhalten und fortgebracht
werden/
Samt einer ausführlichen Erzehlung der meisten Sorten/ welche theils
zu Nürnberg würcklich gewachsen/ theils von verschiedenen fremden Orten
dahin gebracht worden/
Auf das accurateste in Kupffer gestochen/
in
Vier Theile
eingetheilet
und mit nützlichen Anmerckungen erkläret.
Beneben der
FLORA,
Oder
Curiosen Vorstellung
Verschiedener raren Blumen/
Samt
Einer Zugabe etlicher anderer Gewächse/ und ausführlichem Bericht/
wie eine richtig-zutreffende Sonnen-Uhr im Garten-Feld von Buz anzulegen/
und die Gärten nach der Perspectiv leichtlich aufzureissen/
Wie auch einem Bericht von denen in des Authoris Garten stehenden
COLVMNIS MILLIARIBVS,
Mit Röm. Käyserl. Maj. allergnädigst-verliehenem PRIVILEGIO,
Herausgegeben
von
J. C. V.
Nürnberg/
Zu finden bey Johann Andreä Endters seel. Sohn und Erben.
M DCC VIII.

Die Zitrusfrüchte im Norden. Titelblatt
Nürnbergische Hesperides, 1708

Zweiter Teil

Ausdehnung der Palmenlinie

Die kulinarische Meridionalisierung des Nordens

»Orangen und Granatäpfel!«
Ausrufer, Paris um 1640

Die Goldfrüchte

Zitronen, Pomeranzen, Orangen
und die frühen Aromen des Südens

Wanderwege des Geschmacks

Der Geschmack wandert mit den Menschen. Bewegungen von Völkern, von Gruppen, manchmal von Einzelnen, freiwillige und noch häufiger unfreiwillige, verändern seit Jahrtausenden die gastronomische Topographie der Welt. In Europa haben vor allem drei globale Wanderbewegungen tiefgreifende Spuren hinterlassen.

Die älteste führte von Osten nach Westen. Aus Asien drangen seit der Antike zahlreiche Kulturpflanzen, Gewürze und Früchte in den Mittelmeerraum ein, darunter der Weinstock und andere Obstimporte. Im Mittealter folgten auf den Spuren der arabischen Expansion unter anderem der Reis, die Zitruspflanzen und der Zucker.

Die zweite führte über den Atlantik von Westen nach Osten. Sie brachte in der frühen Neuzeit unter anderem Kartoffeln, Tomaten und Mais aus der ›Neuen Welt‹ nach Europa.

Die dritte Wanderbewegung führt von Süden nach Norden, aus dem Mittelmeerraum über die Alpen und weit darüber hinaus. Sie ist die jüngste, reicht bis in die Gegenwart und umfasst neben dem Süd-Nord-Transfer zahlreicher mediterraner Gewächse und Genussmittel auch Vorlieben des Geschmacks im übertragenen Sinn, also die Übernahme von mediterranen Lebensstilen, Idealen und ästhetischen Mustern. Es ist der anhaltende

Prozess der Meridionalisierung des Nordens. Der Schriftsteller Leonardo Sciascia hat in seinem Roman *Der Tag der Eule* (*Il giorno della civetta*, 1961) dafür die Metapher von der *linea della palma* geprägt, der ›Palmenlinie‹, die sich von Sizilien aus wie das Quecksilber eines Thermometers kontinuierlich nach oben verschiebe, von Süden nach Norden – für Sciascia in schillernder Definition ebenso ein klimatisches, ein politisches wie ein gastronomisches Phänomen.[1] Der Süden dehnt sich aus, wächst in den Norden hinein. Und seine kulinarische Expansion hat markante alltagskulturelle Spuren hinterlassen, den Geschmack im Norden tiefgreifend verändert.

Die Hesperiden auf der Flucht

Längst vor der Palme und spektakulärer als sie ist ein anderer Baum in den Norden gewandert, repräsentiert dort seit der frühen Neuzeit das Bild und den Geschmack des Südens: der Zitrus. Dabei handelt es sich im Grunde um eine ganze Gattung von Gewächsen, die sogenannten Agrumen (wörtlich die ›Herbschmeckenden‹), deren botanische ebenso wie historische Verzweigung samt ihrer terminologischen Vielfalt in vielem rätselhaft ist. In Zitrone und Orange hat sie ihre bekanntesten Vertreter.

Seit alters verknüpft die Mythologie mit den Goldfrüchten Erzählungen, die man getrost als logistische bezeichnen kann, Geschichten also, die von ihrem globalen Transfer handeln. Herkules muss sie aus dem Garten ihrer Hüterinnen, der Hesperiden, am Ende der Welt rauben – schon für Griechen und Römer waren die aus China stammenden Früchte kostbare Exoten. Pompejanische Wandgemälde zeigen die ältesten bekannten Abbildungen von Zitrusbäumen mit Früchten.

In der Renaissance – Zitrusfrüchte haben inzwischen durch mittelalterliche Handelskontakte mit dem Orient in Süditalien Fuß gefasst – wird die Reiseerzählung weitergesponnen: Der italienische Humanist Giovanni Baptista Ferrari berichtet in seinem botanischen Werk *Hesperides* (1646), die drei Hesperiden seien nach dem Einfall der Barbaren in Afrika über das Mittelmeer nach Norden geflohen und in Ostia gelandet. Vom Flussgott Tiber freundlich empfangen, hätten sie das glückliche Italien mit der Hauptstadt Rom als neue Heimat gewählt und sich am Gardasee, in Ligurien und in Kampanien niedergelassen.[2] Es ist eine politische Fluchtgeschichte, welche die Wanderbewegung der Zitrusfrüchte im Zug der arabischen Expansion ebenso widerspiegelt wie das Selbstverständnis der Renaissance, ›Erbe‹ der Antike auch in Fragen des Geschmacks zu sein.

Des Herrn Imhoff Garten-Kunst an der Hallerwiesen. Aus Volkamers *Nürnbergische Hesperides*, 1708

Doch die Reise sollte noch weiter in den Norden gehen. In seinem Pflanzen-Lehrbuch *Nürnbergische Hesperides* (1708), der ältesten deutschsprachigen Monographie zu den Zitrusfrüchten, lässt der Nürnberger Gelehrte Johann Christoph Volkamer die drei Hesperiden-Schwestern (sie repräsentieren für ihn die drei Grundgattungen der Zitrusfrüchte) von Rom nach Nürnberg kommen, wo sie vom Flussgott Pegnitz begrüßt werden …

»...erfreut, daß Er den Preiß fremd-eingebrachter Gaben
durch seiner Fluten Dienst zur Reifung bringen kan
und daß jetzt Noris [= Nürnberg] hat im Feld und in den Tennen
womit sonst Isphahan und Rom nur prahlen können.«[3]

Auch hier waren die Ereignisse der gelehrten Erzählung vorausgegangen: Nürnberg hatte sich zum Zentrum einer Orangeriekultur entwickelt, wie sie seit dem 17. Jahrhundert in zahlreichen Handelsstädten und Residenzen in ganz Mitteleuropa bis hinauf in den Ostseeraum in Mode gekommen war. Die Pflege von Zitronen- und Orangenbäumen samt ihrer aufwendigen Überwinterung war Teil der regionalen Gartenkultur der bürgerlichen und aristokratischen Eliten geworden. Sodass, wie Volkamer schreibt, »wann unsere vor vielen Jahren verstorbene Groß-Eltern wiederum hervor kommen würden, meynen solten, in einer gantz fremden Gegend zu seyn«.[4]

Der Autor mag dabei aufs Schönste übertrieben haben, deutet aber dennoch eine Veränderung des Landschaftsbildes durch südliche Bäume und Früchte an, die »nunmehr auch in zimlicher Anzahl und von verschiedenen Gattungen bey uns wachsen, welches vor Zeiten nur in denen hitzigen Theilen außerhalb Europas geschehen.«[5]

Als Früchte des Goldenen Zeitalters und der Verheißung von dessen Wiederkehr hatten die ›Goldäpfel‹ bereits seit der Renaissance hohe dekorative und symbolische Relevanz in Kunst und höfischer Festkultur erlangt.[6] Sowohl das Judentum wie die mittelalterliche christliche Theologie kannten außerdem Zitrusfrüchte in symbolischer Bedeutung.[7] Seit dem 17. Jahrhundert wurden sie nun nördlich der Alpen Konsumgüter, zunächst »für eine Avantgarde des gehobenen Geschmacks« (Rainer Beck),[8] später zunehmend Massenartikel des allgemeinen Verbrauchs. Es waren zwar nicht die einzigen Genussartikel mediterraner Provenienz, die in der frühen Neuzeit in den Norden wanderten und dort erfolgreich wurden, wohl aber diejenigen, mit denen sich am frühesten und am nachhaltigsten der Geschmack und die Idee des Mediterranen, speziell des Italienischen verband. Anders als zum Beispiel der Kaffee, der den gleichen Weg genommen hatte, aber im Norden eher als ›orientalisch‹ wahrgenommen wurde,[9] galten Zitronen und Orangen als Früchte aus ›Welschland‹. Und Welschland, Italien, wird über die Zeiten hinweg zum Land der blühenden Zitronen und der goldenen Orangen.

Zitronenmänner und Pomeranzengänger Die transalpinen Wanderhändler

Wanderbewegungen, jetzt nicht mehr narrativ-mythologischer, sondern physischer Art, standen am Anfang des sich verändernden Geschmacks. Über die Alpen gebracht wurden die welschen Früchte seit dem 17. Jahrhundert von »Italiänern in Teutschland, welche Citronen, Pomerantzen und andere dergleichen Früchte sonderlich im Frühling verkauffen«.[10] Es waren die sogenannten ›Lemonihändler‹, ›Pomeranzengänger‹ oder ›Zitronenmänner‹, Vertreter einer ersten Welle italienischer Arbeitsmigranten.[11] Andere werden ihnen folgen, die Eismacher, die Pizzabäcker, die italienischen Wirte und Kellner.

Die Wanderhändler mit den welschen Früchten bildeten im 17. und 18. Jahrhundert neben den Bauleuten die zahlenmäßig stärkste Gruppe italienischer Saisonarbeiter im Norden.[12] Sie kamen vor allem aus der Gegend des Comer- und des Gardasees entweder über den Brenner nach Oberdeutschland oder über die Schweizer Route in die rheinischen Städte, wo sie ihre Ware zunächst auf Märkten oder als Wandergänger, später auch in festen Niederlassungen vertrieben. Häufig kam es zu Konflikten mit den einheimischen Händlern, welche die Konkurrenz der Italiener fürchteten und die Behörden gegen sie mobilisierten – dies wird sich später bei anderen Gewerben wiederholen. Das geflügelte Wort ›mit Zitronen handeln‹ für eine risikoreiche Tätigkeit geht möglicherweise darauf zurück. Schwerpunkte ihrer (bisher nur regional erforschten Tätigkeit) waren die großen Städte, darunter Nürnberg, Mainz und Frankfurt. Ihre Kaufrufe sind, zusammen mit oft folklorisierend geschönten bildlichen Darstellungen, Motiv zahlreicher frühneuzeitlicher Einblattdrucke aus europäischen Städten geworden.[13]

Eine topographische Erinnerung an die im 18. Jahrhundert in den Städten entstandenen festen Niederlassungen mit italienischen Importwaren ist das »Zitronemannsgässchen« in Fulda.[14] Die eingewanderten Italiener wurden mit ihrer Tätigkeit identifiziert, die Wendung ›zum Italiener gehen‹ gleichbedeutend mit ›italienisch einkaufen‹. »Die Gleichsetzung der eingewanderten Italiener mit dem von ihnen hauptsächlich ausgeübten Beruf ging so weit, dass nach Ausweis eines Kaufmannslexikons der Zeit sogar die Bezeichnung des ›deutschen Italieners‹ entstehen konnte«[15] – für deutsche Geschäftsleute, die mit Südfrüchten und anderen italienischen Waren handelten. Rechtlich genossen die aus dem Süden Eingewanderten nur eingeschränkten Schutz, wirtschaftlich und sozial waren sie häufig über Großfamilien vernetzt und konnten in einzelnen Fällen zu wohlhabenden Geschäftsleuten aufsteigen. So hat die Frankfurter Familie Brentano beispielsweise ihre Wurzeln im Pomeranzenhandel.[16]

Es scheint, dass sich die ersten kulinarischen Betriebe, also die Vorläufer der italienischen Restaurants, aus solchen welschen Warenniederlassungen entwickelt haben: Orte, in denen man, in zunächst eher informeller

Form, Platz nehmen und etwas konsumieren konnte. Eine der ersten bekannten Einrichtungen dieser Art war die italienische Delikatessenhandlung und Weinstube von Sala Tarone in Berlin, die bereits Friedrich Nicolai in seiner Beschreibung der Stadt von 1769 erwähnt und in der später E.T.A. Hoffmann Stammgast war.[17]

Wie reichhaltig und differenziert jedenfalls das Angebot an Südwaren auf einem oberdeutschen Markt im frühen 18. Jahrhundert sein konnte, zeigt ein erhaltener Würzburger Ratsakt von 1725, der eine Beschwerde der »allhiesigen bürgerlichen Specereyhändler oder Würtzkrämer gegen die sogenannten Tyroler Citronen Männer« schlichten wollte. Zu den Waren, deren Verkauf darin den italienischen Wanderhändlern gestattet wurde, gehörten unter anderem »frische Citronen, Lemonien, Citronat [= Cedri oder Zitronatzitronen], Pomerantzen, Granatäpfel, trockene mit Zucker überzogene Citronen, Citronat und Pomerantzen-Schaalen, dürr dergleichen [= auch gedörrte]« sowie generell »allerhand welsche Früchte und Blühe«.[18]

Das süße Bitter. Der neue Geschmack in der Küche

›Welsche Früchte‹ (wie sie auch in den Zollordnungen hießen[19]) kamen jetzt von den Tafeln der Reichen und der Mächtigen mehr und mehr auch an einfachere Tische. Schwierig bleibt dabei, sich darüber klar zu werden, wie der ›welsche Geschmack‹ von den Zeitgenossen wahrgenommen wurde, kann doch das Aroma der Zitrusfrüchte nach den Geschmacksrichtungen sauer, süß und bitter changieren. Vom »süßen Bitter« der Zitrone, deren »scharfe Säfte« sich dennoch vorzüglich mit »Zuckerwerken« verbänden, spricht der Hamburger Dichter Barthold Hinrich Brockes,[20] und vielleicht war es gerade dieses rätselhaft Unbestimmte im Geschmack der Zitrusfrüchte, das ihren Konsum anregte und ihr eigentliches Faszinosum des Fremden, des ›Südlichen‹ ausmachte.

Erstaunlich ist jedenfalls die breitgefächerte Verwendung der Agrumen. Johann Christoph Volkamer, sicherlich bester Zitrus-Kenner seiner Zeit im Norden, schreibt über die kulinarische Verwendung der sauren Cedri, also der Zitronatzitrone: »In der Kuchen wird der Citronat ebenmässig vielfältig gebraucht, wie dann davon verschiedene herrliche Brühen über Auerhanen, Pfauen und schwartzes Wildpret, nicht minder köstliche Saläte und kräfftige Citronat-Muße vor Krancke zuzubereiten«.[21] Noch reichere Verwendungsmöglichkeiten gibt er für die Zitronen an: »Wir würden viele Bögen voll zu schreiben haben, wann wir alle diese Speisen benennen und anführen wollten, zu welchen die Citronen gebrauchet werden«. Er nennt zunächst ebenfalls Suppen, Wild- und Fleischbrühen sowie Salate und Sülzen, um hinzuzufügen: »Der Conditeur weiß nicht nur die Citronen-Blüh, sondern auch die Schelffen [= Schalen] in Zucker einzumachen und also zu conserviren, sondern auch […] zu condiren, Dorten sowie auch das sogenannte Citronen-Brod und allerley anderes Citronen-Confect zuzurichten.«[22] Bei den Pomeranzen (er kennt saure und süße) erwähnt er, dass sie auch »frisch genossen« werden könnten.[23]

Dass die Varietäten in der Verwendung der Zitrusfrüchte weit über ihren späteren Gebrauch hinausgingen, bestätigt ein Blick in zeitgenössische bürgerliche Kochbücher, selbst solche wie das in Berlin, also in relativer Entfernung von den mediterranen Handelswegen, erschienene *Brandenburgische Kochbuch* von Maria Sophia Schellhammer. Bemerkenswert ist der üppige Gebrauch von Zitronen, Limonen und Pomeranzen im Zusammenhang mit Suppen, Fleisch, Fisch, Wild, Geflügel, Pasteten, überhaupt salzigen Gerichten. Beliebt waren offenbar entsprechende Bratensoßen, Brühen und Sülzen. Noch auffallender ist die reichliche und aufwendige Nutzung der Schalen. So enthält etwa Sabina Welsers Nürnberger Kochbuch mehrere einschlägige Rezepte, darunter ein Rezept für ein warmes Pomeranzengemüse, für das man die Schalen, nachdem man das Weiße sorgfältig entfernt hatte, zwölfmal zum Entbittern aufkochen und dann mit Schmalz eindicken sollte.[24] Auch Salate aus Zitronen- oder Pomeranzenschalen werden angeführt.[25] Dazu passt, dass der oben zitierte Würzbürger Ratsakt unter den konzessionierten Importwaren der ›Tyroler Citronen Männer‹ ausdrücklich auch Zitronen- und Pomeranzenschalen aufführt, und zwar sowohl in frischer wie in getrockneter Form. Daneben finden sich Rezepte für Süßspeisen, so bei Maria Schellhammer zum Beispiel eine ›Citronen-Tarte‹ oder gefüllte ›Gebackene Zitronen‹.[26] Selbst Blüten und Kerne wurden für die Herstellung von Essenzen genutzt. Und glaubt man *Zedlers Universal-Lexikon* (1745), so gab es sogar für die Blätter Verwendung: »Frische Pomeranzenblätter in dem Munde gekäuet machen auch einen wohlriechenden Athem.«[27]

Auch wenn man von Kochbüchern nicht umstandslos auf die Küchenpraxis schließen kann, deutet sich doch an, dass mit dem Eindringen der Früchte aus dem Süden ein neuer Geschmack in Mode kommt. Köchinnen, Köche, Zuckerbäcker, Konditoren und nicht zuletzt deren Herrschaften experimentieren mit dem Fremden und suchen sich darin zu übertreffen, *à la mode* zu kochen, zu essen und zu repräsentieren. Es ist die erste Welle eines kulinarischen Italianisierens.

Südfrüchte, Süßfrüchte
Der Weg zum Massenkonsum

Die wandernden Comasker Zitronenmänner und Pomeranzenkrämer hatten den neuen geschmacklichen Begehrlichkeiten gleichsam die Tür geöffnet, und dies vor allem in Gebieten, die geographisch näher mit Italien verbunden waren. Die langfristige Entwicklung des Imports der Agrumen sollte dann von den neuen atlantischen Schiffsrouten und einer sich intensivierenden globalen Wirtschaft profitieren – bis heute. Bereits um 1700 werden von spanischen und portugiesischen Schiffen Zitrusfrüchte in größeren Mengen in Amsterdam und Hamburg angelandet und weiter ins Binnenland importiert.[28] Es sind vor allem die süßen Pomeranzen, die sich vom Norden her unter dem Namen Appelsinen, Apfelsinen (= Äpfel aus China), verbreiten und allmählich dem Süßgeschmack der Agrumen zum Durchbruch verhelfen.[29] Auch der Handel mit Zitronen blüht im 18. Jahrhundert dank der Seeschifffahrt: »Es wird mit den Citronen jährlich zu Wasser und zu Lande ein allgemeiner großer Handel getrieben und man schickt ganze hölzerne Kisten voll aus Spanien und Italien aller Orten hin«, heißt es in einem Wirtschaftslexikon von 1776. »Obgedachte Citronen-Kisten sind länglich, und öfters in einer 6 bis 800 Stücke mit Papier eingepackt. Man kann, wenn sie häufig ankommen, die Kiste für wenige Thaler kaufen. In Deutschland werden sie von den Italiänern und Materialisten [= Krämern], in Seestädten aber von sogenannten Limonien-Käufern geführet«.[30] Auch die begehrten Schalen der Früchte wurden als Schiffsgut importiert, »meistens auf Fäden gezogen, fest gepackt in Kisten«.[31]

Langfristig werden die Seestädte die wandernden Direkt- und Kleinhändler außer Konkurrenz setzen. Bereits um 1800 gehören Zitrusfrüchte in den mitteleuropäischen Häfen zu den Massenimporten.[32] Für die

Mitte des 19. Jahrhunderts lässt eine erhaltene »Preisliste der hauptsächlichsten Produkte des Königreichs Beider Sizilien in Hamburg und Bremen« den florierenden Handel erkennen. Aufgeführt sind dort unter den wichtigsten Importartikeln neben Orangen und Zitronen weiterhin deren beider Schalen (*scorze*), außerdem die Essenzen (*essenze*) von Zitronen und Orangen.[33] Es ist eine Entwicklung, die bis heute anhält – nur der Massenimport und -gebrauch von Agrumenschalen ist dem mediterranen Geschmack im Norden abhandengekommen.

Der Genuss der hesperidischen Früchte, der frühesten Botschafter des mediterranen Geschmacks, ist auf diese Weise seit mehreren Generationen in Mitteleuropa selbstverständlich geworden (allenfalls Bürger der ehemaligen DDR und verschiedener osteuropäischer Staaten mögen sich an andere Zeiten erinnern). Dennoch lebt in ihnen noch immer die Idee des Südens weiter. Obwohl sie inzwischen längst auch aus östlichen und westlichen Himmelsrichtungen importiert werden, heißen sie altertümlich hierzulande noch immer ›Südfrüchte‹ – ein Begriff, den es nur in der Sprache der südsüchtigen Deutschen gibt, alle anderen europäischen Sprachen nennen sie ›tropische‹ oder ›subtropische Früchte‹. Produzenten und Großhändler setzen immer wieder darauf, beim Verbraucher ›südliche‹ Assoziationen auszulösen. Lange Zeit spielte dabei ein im Massenimport heute fast ausgestorbener Werbeträger eine eigene Rolle: das Orangenpapier, das, ohne jede praktische Funktion,

Orangenpapier mit Mignon-Motiv

der verhüllten Frucht die Aura des Besonderen geben und mit Motiven von Süden, Sonne, Erotik oder Gesundheit mediterrane Lebensgefühle beschwören wollte.[34]

Vor allem mit der Zitrone verband und verbindet sich bei den Deutschen der Mythos des Südens und speziell Italiens, auch wenn inzwischen die meisten der nach Deutschland importierten Früchte aus Spanien kommen.[35] Daran ist Goethe nicht ganz unschuldig, der in seinem Mignon-Lied Italien zum »Land, wo die Zitronen blühn« erklärt und damit ein geflügeltes Wort in die Welt gesetzt hat, das übrigens in Italien fast ebenso bekannt ist wie in den deutschsprachigen Ländern. Dass, von Sizilien einmal abgesehen, allenfalls auf drei geographisch relativ klar umrissenen Territorien dieses Landes Agrumenkultur betrieben wird, zeigt die realitätsstiftende Kraft von Literatur.

Dabei können sich im Zeitalter des Massenvertriebs Früchte bestimmter Anbaugebiete oder gar einzelner Produzenten kaum noch durch ein eigenes »Profil« auszeichnen. Allenfalls die Amalfi-Zitrone (einstmals hoch angesehener Exportartikel für das Vereinigte Königreich und die USA) genießt in Großbritannien, Deutschland und Österreich als Luxusprodukt noch ein gewisses Ansehen, favorisiert durch entsprechende touristische Präferenzen.

Der flüssige Süden
Vom Citronen-Elixier zum Limoncello

In ähnlicher Weise wie die Früchte selber waren und sind die aus ihnen gewonnenen liquiden Substanzen Träger südlicher Botschaften und Versprechen.

Wie die Würzburger Konzession von 1725 zeigt, gehörten zu den lizenzierten Handelsgütern der Tiroler

›Citronenmänner‹ auch »allerhand Liqueurs, Rossolien [= Aufgesetzte], Refraichirung [= Erfrischungen] und Limonaten«.[36] Ähnlich wie bei den Früchten changieren bei den Liquiden die Verwendungszwecke historisch zwischen den Bereichen Gesundheit und Wohlgeschmack – eine Ambivalenz, die dem Mediterranen bis heute eigen zu sein scheint. *Zedlers Universal-Lexikon* teilt mehrere Rezepte eines ›Citronen-Elixiers‹ mit, zu gewinnen aus in Branntwein eingelegten Schalen: Es stärke Herz und Magen, helfe gegen die Pest, verbessere aber auch, tropfenweise mit Wein vermischt, dessen Geschmack.[37] Die *Oeconomische Encyclopädie* (1775) kennt dieses Getränk unter dem Namen ›Citronen-Brandwein‹.[38]

Ähnlich ambivalent waren die Konnotationen des aus Zitronen gewonnenen Saftes. Seit langem vielfältig diätetisch im Gebrauch, wird er, mit Zucker oder Alkohol versetzt, seit 1854 bei der britischen Marine zur Prävention gegen Skorbut obligatorisch.[39] Auf der anderen Seite wird er zunehmend als Basis eines Erfrischungsgetränks populär, das sich zusammen mit seiner Bezeichnung, *limonata*, aus Italien in ganz Europa verbreitet: der Limonade. Ihre Kommerzialisierung wird nicht zuletzt aufgrund des großen Bedarfs bei der britischen Marine in England forciert (*lime juice*). Später werden die verschiedensten Getränke aus künstlichen Zitrus-Aromen entwickelt, bis heute. Dabei haben die süßen Orangen (als Saft oder als Geschmacksrichtung) zunehmend die sauren Zitronen vom Markt der Erfrischungsgetränke verdrängt – die in früheren Jahrhunderten hochdifferenzierten Geschmacksambivalenzen des Südens haben sich heute eindeutig in Richtung des Süßen verschoben.

Die geographischen Assoziationen der Fruchtsaftgetränke sind dabei längst nicht mehr eindeutig, auch wenn Namengebung und Werbung immer wieder auf

Südliches anspielen. So etwa bei der 1969 in Heidelberg kreierten ›Capri Sonne‹, seit 2017 ›Capri Sun‹, einem Produkt, das mit dem Namen der Felseninsel eine höchst populäre Lokalität aufruft.

Die neueste erfolgreiche Kreation eines Zitrusfruchtgetränks mit einer dezidiert südlichen Aura ist der Limoncello. In diesem Fall scheint es sogar gelungen zu sein, diese Aura geographisch relativ präzise zu verorten: Als Herkunft des Produkts gilt nach verbreitetem Verständnis die Gegend des Golfs von Neapel und der Halbinsel von Sorrent.

In der Tat hat dort in den 1980er Jahren die Kommerzialisierung des Limoncello begonnen, in einer Zeit, als die noch immer kleinbäuerlich-handwerklich betriebenen Agrumenkulturen in Sorrent oder an der Amalfiküste den Anschluss an die internationalen Massenexportwege verloren hatten, die Produzenten also nach neuen Wegen der Vermarktung ihrer Früchte suchten.[40] Ein aus Zitronenschalen mit Alkohol versetztes Getränk namens *Limoncello, Limonciello, Limoncino* oder ähnlich war bis dahin in Kampanien ausschließlich Teil der privaten Hauswirtschaft gewesen, einer von verschiedenen *rosoli*, aufgesetzten Fruchtlikören, wie sie in jeder Familie nach eigenem Gusto hergestellt wurden. Die Idee, das Getränk gewerblich zu vertreiben, führte zunächst zu lokalen Auseinandersetzungen um die Namensrechte, bis der oberste italienische Gerichtshof im Jahr 2000 eine Patentierung des Namens Limoncello ablehnte.[41] War es bis dahin durchaus ungewiss gewesen, ob sich das im Grunde sehr einfache Getränk außerhalb der Region durchsetzen konnte, hatte es dann zunehmenden Erfolg und wird heute unter dem Namen Limoncello zum Beispiel auch in Norditalien, in Spanien, in den USA oder sogar in Deutschland hergestellt. Aus einem noch in den 1980er Jahren praktisch nur in Kampanien kleingewerblich produzierten und vermarkteten ›Aufgesetzten‹ ist in wenigen Jahrzehnten ein Getränk geworden, das über ganz Italien hinaus bekannt wurde und mittlerweile in Deutschland, in Großbritannien und in jüngster Zeit sogar in den Vereinigten Staaten populär ist – ein Erfolg, der gerade in Ländern wie Deutschland oder den USA eng verbunden ist mit bestimmten Urlaubserfahrungen und Urlaubsphantasien. Der Limoncello ist das vorläufig letzte Genussmittel, dessen Geschmack sich über das Medium der Zitrusfrucht auratisch mit dem Süden, genauer gesagt mit den Gegenden von Sorrent, der Amalfiküste und der Insel Capri verbindet. Und dies, obgleich viele der nach Deutschland importierten Marken inzwischen anderswo industriell produziert werden und Hersteller zum Teil mit Farb- und Aromastoffen arbeiten.[42] Der kulturelle Nimbus, der das Produkt in Etiketten und Werbeanzeigen, in Texten und Bildern von Reiseführern und Travel Blogs krönt, ruft die Erinnerungen oder die Sehnsüchte an die Zitronengärten von Sorrent zurück, an die Terrassen der Amalfiküste, an ›uralte‹, über Generationen weitergegebene Rezepte und die handwerkliche Arbeit in kleinen Familienbetrieben. Und an die Frucht, die noch immer die Verheißung des Südens ist.

Limoncello-Etikett, *2020*

Gelato! Gelato!

Des Nordens kalter Süden

Die Saisonarbeiter aus den Dolomiten

Dass es im Süden erfunden werden musste, steht außer Frage, unter einem Himmelsstrich, dessen Temperaturen die Menschen nach Erfrischung lechzen ließen und das kälteste Kalt, das Gefrorene selber zum höchsten Genuss machen konnten – Paolo Contes verzweifelt lustvolle Canzone *Un gelato al limon* lässt noch musikalisch etwas von diesen Schauern ahnen. Erstaunlich indes, dass es den Weg in den kalten Norden fand, dessen Bewohner doch immer die Wärme suchten: Kalt zu Kalt statt Kalt zu Heiß. Tatsächlich ist der erste Geschmack, der nach dem süßen Bitter der Limonen und Orangen den warmen Süden in den kalten Norden brachte, ein eisiger. Und als wollten die Sprachen der mittel- und nordeuropäischen Länder dies noch unterstreichen, kennen sie für das, was die Italiener in *ghiaccio* und *gelato* differenzieren, nur ein einziges Wort: Eis.

Das essbare, das Speiseeis geht auf die arabische Kultur zurück – das Wort Sorbet, arabisch *šarba*, erinnert noch daran. Eis war, ebenso wie der Zucker (arabisch *sukkar*), im Zuge der arabischen Expansion im hohen Mittelalter nach Süditalien gekommen, nördlich der Alpen wurde es im Barock in unterschiedlichen Zubereitungen Teil des aristokratischen Tafelluxus – Eiskeller in zahlreichen europäischen Schlössern erinnern daran. Im bürgerlichen Milieu kam es in der Zeit um 1800 in den europäischen großstädtischen Kaffeehäusern in

Mode, nicht zuletzt in Italien: »Unglaublich ist, was in den Kaffeehäusern an Eis (gelato) in den heißen Tagen [...] verzehrt wird«, berichtet ein deutscher Reisender aus Rom in den 1820er Jahren.[1] Zum Botschafter des italienischen Geschmacks im Norden wurde es aber erst gegen Ende des 19. Jahrhunderts.

Wie bei den Zitronenmännern und Pomeranzenkrämern steht Migration am Beginn. Waren die Ersteren aus der Gegend vom Comer- und vom Gardasee gekommen, so kamen die Eismacher vorzugsweise aus zwei Dolomitentälern im Veneto, dem Val di Zoldo und dem Valle di Cadore – nicht ohne Grund ist ›Venezia‹ neben ›Dolomiti‹ einer der beliebtesten Namen von italienischen Eiscafés. Durch die Industrialisierung in wirtschaftliche Not geraten, hatten sich viele Bewohner der Täler gegen Ende des 19. Jahrhunderts auf den Wanderhandel verlegt, schwärmten während der Sommermonate in die Länder der Habsburger Monarchie, nach Deutschland und die Anrainerstaaten aus. Später übten sie ähnlich wie die Zitronenhändler in festen

Val di Zoldo, um 1960

Niederlassungen ihr Gewerbe aus, kehrten allerdings häufig im Winter in ihre Heimat zurück – eine Praxis der temporären Migration, die sich bei italienischen Eismacherfamilien in Süddeutschland zum Teil bis heute gehalten hat. Dabei spielte bei den *Gelatieri*, ähnlich wie bei den Südfrüchtehändlern, die gegenseitige Förderung durch familiäre Netzwerke und Großfamilien eine wichtige Rolle – tatsächlich werden noch heute rund zwei Drittel der Eiscafés in Deutschland von Abkömmlingen aus den beiden genannten Tälern betrieben.[2] Und nicht wenige arbeiten in der dritten oder sogar der vierten Generation mit ihren Familien in Deutschland.

Zwischen Argwohn und Anerkennung
Eine Eismacher-Geschichte in drei Generationen

Die inzwischen rund 120 Jahre zählende Generationengeschichte einzelner Eismacherfamilien, wie sie im Folgenden am Beispiel einer norddeutschen Großstadt sichtbar wird, spiegelt die widersprüchlichen Prozesse der Akkulturation eines fremden Geschmacks, aber auch fremder Lebensformen und nicht zuletzt fremder Menschen.[3]

Denn die Eismacher aus den Dolomiten, die vor dem Ersten Weltkrieg mit ihren Handkarren in deutschen Städten unterwegs waren, mochten zwar bei ihren Kunden beliebt gewesen sein, unterlagen aber als ›fremde Subjekte‹ (und junge, alleinstehende Männer) seitens der Polizeibehörden strenger und nicht selten misstrauischer Überwachung. So erhält der 24-jährige Giovanni Chiamulera, der 1902 zusammen mit seinem Bruder Amedeo aus dem Valle di Cadore nach Bremen gekommen war, von der Gewerbeaufsicht einen ›Erlaubnisschein zum Handel mit Fruchteis‹,[4] die daran gebundenen Auflagen waren jedoch derart eng gefasst beziehungsweise wurden derartig rigide überwacht und interpretiert, dass er in den folgenden Jahren immer wieder mit der Polizei in Konflikt geriet und nach Strafanzeigen mit kräftigen Geldbußen belegt wurde: weil er an Orten verkauft habe, wo dies nicht erlaubt sei, weil er mehrere Minuten lang vor einem bestimmten Haus gestanden habe, weil er sein Eis »durch Rufen« angepriesen habe oder »durch mehrmaliges Klingeln Käufer anzulocken suchte«.[5] Für den Verkauf von Eis an Kinder unter zehn Jahren musste er ebenfalls mehrfach Strafe zahlen.[6]

Trotzdem blühte sein Geschäft. Bereits 1909 liefen unter seinem Namen mindestens vier Eiskarren durch die Straßen – der clevere Geschäftsmann hatte dafür mehrere Landsleute aus Italien engagiert. Er selber betrieb zu dieser Zeit bereits am noblen Marktplatz der Stadt zusammen mit seinem Bruder Amedeo ein erstes Ladenlokal und firmierte in der Folgezeit im Adressbuch keck als ›Konditor‹.[7] Eine offenbar nur kurzzeitig betriebene ›Gemüse- Südfrucht- und Weinhandlung‹ folgte.[8] Auch familiär suchte er sich im Norden rasch

Amedeo Chiamulera mit Eiskarren. Bremen, um 1910

zu etablieren. 1905 hatte er in Italien ein Mädchen aus seinem Nachbardorf geheiratet, 1906 hat das Paar einen Wohnsitz in Bremen, wo drei Kinder zur Welt kommen.[9]

Der Erste Weltkrieg setzte diesem Aufstieg zunächst ein Ende. Die Familie musste Deutschland verlassen. Ende 1919 kam der inzwischen 43-Jährige in die Hansestadt zurück, um sein Geschäft wieder aufzubauen. Jetzt bekam er es mit Konkurrenz zu tun. Dreizehn Geschäftsleute der Stadt, darunter sechs Konditoren, wandten sich in einem Brief an die Polizeidirektion mit der Bitte, dem Italiener »die Erlaubnis zum Handel mit Fruchteis zu untersagen«, werde dieser doch wegen seiner billigeren Arbeitskräfte alles daransetzen, »uns als Konkurrenten zu vernichten«.[10] Außerdem herrsche in der Stadt Wohnungsnot. Die Polizei hält dazu in einer Beschluss-Vorlage fest: »Es liegt absolut nicht im Interesse der hiesigen Bevölkerung, den Aufenthalt von Ch. in Bremen zu dulden. Sobald der Mann hier wieder festen Fuß gefaßt hat, wird er auch seine Kinder mit oder ohne Genehmigung der Behörden nach hier holen; man sollte sich aber in dieser sehr schweren Zeit aller Ausländer entledigen«.[11] Der Eishändler erhielt vier Tage später den Bescheid seiner Ausweisung als »lästiger Ausländer«.[12] Nach längeren juristischen Auseinandersetzungen gelang es ihm jedoch, seine Abschiebung zu verhindern, in Bremen »geduldet« zu bleiben und sein Geschäft weiter auszubauen.[13] 1934 betrieb er mit seiner Familie in der Stadt bereits drei ›Fruchteisgeschäfte‹.[14]

Als er 1940 mit seiner zweiten Frau ins Cadore zurückkehrte, wo er 1946 starb, übernahmen seine drei Söhne die Geschäfte und bauten sie nach den Zerstörungen des Krieges wieder auf. 1952 feierte die Firma mit ihren inzwischen rund 30 Angestellten in fünf Filialen ihr fünfzigjähriges Jubiläum – es waren die goldenen Jahre des italienischen Eismacherhandwerks in Deutschland. Mit ihrem Niedergang gegen Ende des 20. Jahrhunderts gab die Familie, deren Angehörige sich inzwischen beruflich anderweitig orientiert hatten, vier dieser Filialen auf. Eine einzige wird in dritter Generation von der Enkelin des ersten Bremer Eishändlers und ihrem Mann weitergeführt – bis heute.

Waffel oder Becher? Italien auf der Zunge

Die Geschichte der Akkulturation italienischer Eismacher in Deutschland, die in ihren Grundzügen vielerorts ähnlich verlaufen ist,[15] ist für die Deutschen die Geschichte eines neuen Geschmacks. Eis wird innerhalb von drei Generationen aus einer banalen, randständigen Leckerei zu einer massenhaft genossenen Delikatesse.

Natürlich wurde Eis vor und neben den italienischen Einwanderern angeboten: in kleineren Städten zum Mitnehmen in Bäckereien, in größeren als Angebot der Cafés. Der Preis war niedrig, die Kugel kostete 10 Pfennig. Die Auswahl war beschränkt – frühe Fotos von Eiswagen zeigen die typischen drei pyramidalen Deckel für die drei üblichen Sorten: Zitrone, Vanille, Erdbeer. Dass die italienischen Eismacher sich durchsetzen und ihre zunächst zahlenmäßig weit überlegenen heimischen Konkurrenten nach dem Zweiten Weltkrieg in den Hintergrund drängen konnten,[16] ist sicherlich nicht nur damit zu erklären, dass sie eben das ›bessere‹ Eis gemacht hätten. Ihr Erfolg war, von der Namensgebung der Lokale, ihrem Wandschmuck, der Musik, der Benennung der Sorten bis hin zum geschäftsüblichen halbitalienischen Idiom aufs engste mit dem Mythos Italien verbunden, wie er mit dem Massentourismus vor allem in Deutschland, dem Land der ewigen Italiensehnsucht, stilbildend wurde. Es ist kein Zufall, dass nach dem Zweiten Weltkrieg die Bundesrepublik zum »weltweit mit Abstand bevorzugten Zielland italienischer Eismacher« wurde.[17] Hier fanden sie nicht nur die Konjunkturlage des Wirtschaftswunders, sondern auch die ideellen Bedingungen der schwärmerischen Italienliebe. Ob mit Waffel oder Becher: Eis wurde zum italienischen Geschmacksträger, sein Genuss verband sich mit der Idee von *Bella Italia*. »Italien, das war für mich Eis, und die ›Coppa Italiana‹ machte mich zum [...] modernen Weltbürger«.[18] Die Eismacher aus dem Süden kamen ihrerseits dem Trend in sekundären Italianisierungen gern entgegen – so etwa mit der Kreation von ›Spaghetti-Eis‹, das Ende der 1960er Jahre in Deutschland erfunden wurde und fast ausschließlich hier bekannt ist.[19]

Zwar schlugen dem Eis in der bürgerlichen Kultur der Nachkriegszeit gelegentlich Vorbehalte gesundheitlicher oder moralischer Art entgegen: es sei ›nicht gesund‹, ›nicht nahrhaft‹, der Konsum bloße Leckerei und ›reine Geldverschwendung‹. Schon Goethe hatte schließlich berichtet, dass die Mutter ›Gefrorenes‹, das einmal als Geschenk für die Kinder ins Haus kam, als unverträglich für den Magen weggegossen habe.[20] Dass Gefrorenes sich schließlich durchsetzen konnte, hängt nicht zuletzt damit zusammen, dass der Mythos des Italienischen in einer Räumlichkeit Gestalt annahm, die auch den ästhetischen Geschmack und die Verhaltensweisen der Deutschen veränderte: der Eisdiele.

Ein Hauch von Via Veneto: die Eisdiele

Wie fremd die neuen Läden, in denen man als Laufkunde bedient werden, aber auch an Tischen Platz nehmen konnte, in Deutschland zunächst waren, zeigt bereits die Geschichte ihrer Nomenklatur – von ›Eishandlung‹

(1909) über ›Eisgeschäft‹ (1934) bis ›Eisstube‹ (1935). In den Nachkriegsjahren wird ›Eisdiele‹ umgangssprachlich die klassische Bezeichnung für einen Ort, der sowohl architektonisch wie von seinem Angebot her durchaus ein Novum in einem Land darstellte, dessen einschlägige Gastrokultur bis dahin dominiert war von Wirtshaus und Kneipe mit ihrem Akzent auf dem Konsum alkoholischer Getränke. Hier hingegen lernte man einen Ort kennen, der mit seiner kargen, modernen Einrichtung, seinem hellen Ambiente und seinem fremdländischen Flair den herkömmlichen Vorstellungen von deutscher Wirtshaus-Gemütlichkeit ganz und gar nicht entsprach und an dem man sich aufhalten konnte, ohne dauerndem Alkoholkonsum frönen zu müssen – nicht ohne Grund wurden Eisdielen in der Nachkriegszeit Zentren einer frühen alternativen Jugendkultur. Jüngere oder ältere Frauen, die sich in den männlich dominierten Wirtshäusern und Kneipen oft unbehaglich fühlten, verkehrten gern in den Eisdielen: Hier konnten sie alleine oder in Gruppen sitzen, ohne dass sie schräge männliche Blicke auf sich gezogen hätten. Hinzu kamen Schüler nach der Schule, die ihre allerersten Erfahrungen im Besuch von Gaststätten machen konnten, oder, gern an Sonntagen, Familien mit ihren Kindern.

Eine besondere Bedeutung gewann der Eiskonsum im Rahmen der modernen Kinderkultur. Eis war eines der ersten Genussmittel, das von Kindern, selbst kleineren, selbständig gekauft werden konnte – nicht selten begleitet von gesundheitlichen Bedenken oder Verboten der Erwachsenen.[21] Es war der Beginn einer Entwicklung, die bis heute mit einer gigantischen Ausweitung des Markts an Kinder-Konsumartikeln die Heranwachsenden als Zielgruppe entdeckt hat.

Schon bald erweiterten die Eisdielen ihr Sortenangebot, arbeiteten verstärkt mit Milch, Sahne und Joghurt.[22]

Verbesserte Kühltechniken erlaubten es ab den 1970er Jahren, das Angebot den Kunden gut sichtbar zu präsentieren, die in den Tresen eingelassenen, abgedeckten Deckel-Behälter (letzte Erinnerung an die Eiswagen) verschwanden aus den Geschäften. Immer häufiger kam Kaffee zusätzlich auf die Speisekarte, darunter bislang so unbekannte Sorten wie Espresso oder Cappuccino, dazu Kuchen und Säfte, später noch Snacks und alkoholische Getränke – eine Entwicklung, die in Richtung dessen führte, was man in Italien Bar nannte.

Und noch etwas war an den Eisdielen attraktiv, verband sie in besonderer Weise mit dem Mythos Italien. Viele Ladenlokale öffneten sich ab den 1960er Jahren zunehmend in Außenbereiche, stellten Tische und Stühle einfach auf die Straße.[23] Hatten die Deutschen nicht in Romanen gelesen und in Filmen gesehen, dass die Italiener das so machten? Plötzlich umflorte die heimische Hindenburgstraße ein Hauch von Via Veneto. Die immer weiter gehende Öffnung der Lokale zur Straße hin wird zu einem wichtigen Teil der Meridionalisie-

HO-Eisdiele ›Pinguin‹, Köthen 1977

rung des Nordens, das Auf-der-Straße-Sitzen wird Teil des modernen Lebensgefühls.

Als dann die italienischen ›Gastarbeiter‹ in die Bundesrepublik strömen, entwickeln sich Eisdielen zu »hoch geschätzten Sammelpunkten« der Emigranten.[24] Es war gerade der zur Straße hin offene Charakter der Eiscafés, die Porosität von Innen und Außen, die sie an ihre Heimat im Süden erinnerten, mit Lokalen, die (wie damals der Arbeiterpriester Giacomo Maturi dem *Spiegel* sagte) für seine Landsleute gerade deswegen attraktiv seien, weil sie eben nicht so seien wie »deutsche Wirtschaften, wo man durch zwei Türen und einen Vorhang hineingeht, wo die Fenster auch Vorhänge haben und wo man sich eingeschlossen fühlt wie im Kiel eines Schiffes«.[25]

In der DDR fehlten den ›Eisdielen‹, wie sie auch hier meist hießen, die italienischen Betreiber (und später die italienischen Arbeitsmigranten). Das Flair des Italienischen ging ihnen damit entschieden ab. Betrieben wurden sie entweder von privaten Geschäftsleuten oder sie waren Teil der staatlichen Handelsorganisation (HO). Im Stil der Einrichtung mit ihrem kühlen Nierentisch-Ambiente waren sie allerdings denjenigen in der Bundesrepublik durchaus vergleichbar. Auch sie entwickelten, wie etwa die in Berlin populäre »Mokka-Milch-Eisbar«, eine besondere Anziehungskraft für Jugendliche. Und auch sie eroberten sich allmählich die Straßen und Plätze der Städte, vermittelten damit südliches Flair.

Vom Handwerk zur Industrie. Das Markeneis

Die in der Nachkriegszeit mit der Verbesserung der Kühltechniken und dem Ausbau der Vertriebswege begonnene Entwicklung führte, ähnlich wie in anderen gastronomischen Sparten, auch in der Speiseeisherstellung zur Industrialisierung der Produktion und machte der alten handwerklichen Tradition der Eisdielen Konkurrenz. Eis wurde zum konfektionierten Massenprodukt. Und Markeneis der großen Anbieter hat auf diese Weise längst die kleingewerbliche Herstellung quantitativ in den Schatten gestellt.[26]

Auch beim Markeneis versuchten die Hersteller zunächst an den Nimbus des Italienischen anzuknüpfen, so die Firma Langnese mit den Namen ›Capri‹ (1959) oder mit dem dreigipfligen ›Dolomiti‹ (1973) in den (nicht ganz korrekt positionierten) italienischen Nationalfarben. Der aktuelle Trend geht inzwischen in eine andere Richtung: Eis lebt nicht mehr wie früher vom Nimbus Italien. Produktpaletten und Werbestrategien setzen heute stärker auf Exotisches und auf Anglizismen – selbst der Eisgeschmack scheint sich zu globalisieren.

Die italienischen Eisdielen folgen dieser Entwicklung. Nach offiziellen Angaben des 1969 gegründeten Verbandes »Uniteis« gibt es zwar in Deutschland noch rund 9000 von ihnen.[27] Allerdings ist ihre Zahl rückläufig, und es scheint, als spiele bei vielen hinsichtlich Inneneinrichtung und Dekoration Italien keine zentrale Rolle mehr. In vielen Fällen scheint der italienische Name des Lokals nur noch Erinnerung zu sein, die Betreiber haben längst keine italienischen Pässe mehr, sondern kommen aus anderen Teilen der Welt. Dafür gehören italienische Eisspezialitäten selbstverständlich zum Angebot der verschiedensten Cafés und Restaurants. Der Eisgeschmack hat seine alte italienische Aura verloren.

Die Pizza

Ein Migrantenschicksal

Gennaro kommt nach New York

»Es gehört der Magen eines Lazzarone dazu, sie zu verdauen«, hatte Ferdinand Gregorovius 1853 über die Pizza geschrieben.[1] Er konnte nicht ahnen, dass das »unverdauliche Fladenbrot«, wie er es nannte, einmal in aller Munde sein würde, Ikone des italienischen Geschmacks in der ganzen Welt. Die Global History[2] der Pizza begann mit der Migration, anders freilich als im Fall der Zitronenhändler und der Eismacher einer Migration über den Atlantik, in die Vereinigten Staaten.

Nach der Einigung Italiens und der damit einhergehenden Verarmung großer Bevölkerungsteile in den südlichen Regionen des Landes wurden die USA zum wichtigsten Ziel von Millionen von Auswanderern. Anders als etwa die Deutschen breiteten sich die italienischen Immigranten nicht über das ganze Land aus, sondern konzentrierten sich hauptsächlich in den Großstädten der Ostküste, vor allem in New York und New Jersey, und pflegten dort ihre alten Lebensgewohnheiten und Herkunftsgemeinschaften.[3] Auch die Küche gehörte dazu. 1905 eröffnete der 18-jährige Gennaro Lombardi (Neapel 1887 – New York 1958), der 1904 mit dem Auswandererschiff ›S. S. Calabria‹ ins Land gekommen war, in New York eine Pizzeria.[4] Heute rühmt sie sich, die älteste in den Vereinigten Staaten zu sein, und war damit vermutlich weltweit die erste außerhalb von Neapel.

›Lombardi's‹ in New York wurde 1905 von Gennaro Lombardi aus Neapel gegründet.

Ähnliche Einrichtungen folgten, in New York und in weiteren Städten der Ostküstenstaaten.[5] Die Kunden scheinen sich dabei zunächst und noch längere Zeit vor allem aus dem italienischen Milieu rekrutiert zu haben, zu fremd war der Geschmack für Einwanderer aus anderen europäischen Ländern. Dass Gennaro Lombardi in einem Interview aus dem Jahr 1956 stolz neapolitanische Opernstars wie Enrico Caruso oder Antonio Scotti als seine Gäste nannte, passt in dieses Bild.[6] Und es verweist auf ein wiederkehrendes Muster in der Geschichte der Verbreitung der Pizza und anderer ›einfacher‹ Gerichte: Sie wurden durch Stars nobilitiert.

Der italienische Schriftsteller Carlo Levi (*Christus kam nur bis Eboli*) hat bei seinem Besuch in den Vereinigten Staaten 1947 die Faszination beschrieben, die ihn überkam, als er kurz nach Ankunft in New York eine Pizzeria betrat, aus der ihm die bäuerliche Welt Süditaliens entgegenschlug – der Besitzer kam aus Matera, der ›Città dei Sassi‹ in Lukanien, die Levi durch seine Verbannung wenige Jahre zuvor selber kennengelernt hatte:

»Eine alte, zeitlose Atmosphäre, bevölkert von den Schatten des Feudalismus, herrschte in der Pizzeria an der Second Avenue. Der Besitzer fing an, mir von einem Priester zu erzählen, der in der Kathedrale von Matera einen anderen Priester, seinen Rivalen beim Theologiestudium, umgebracht hatte, und Dutzende anderer Bauern- und Gespenster-Geschichten. Er war ein pfiffiger Geschäftsmann, ein guter Amerikaner, würdiger Bürger einer modernen Demokratie. Aber unter der Oberfläche, unter seinem begrenzten englischen Wortschatz war das Erbe der alten bäuerlichen Zivilisation, aus der er kam, intakt geblieben. Und als ich mich zu den Rhythmen einer Negro-Melodie aus einer Jukebox mit ihm unterhielt, kehrte ich im Geist zu den verlorenen, lehmigen Einöden Lukaniens zurück«.[7]

Wahlheimat USA und das globale Erfolgsmodell der Pizza

Was Carlo Levi einfühlsam und im Geist seines Romans über den archaischen Süden beschreibt, ist eine Institution, die bis zum Zweiten Weltkrieg weitgehend an das begrenzte Milieu (süd)italienischer ethnischer Enklaven an der Ostküste der Vereinigten Staaten gebunden war.[8] Der eigentliche Siegeszug der Pizza begann erst in der Folgezeit. Er hat dazu geführt, dass die Vereinigten Staaten zur zweiten Heimat der Pizza geworden sind – nirgendwo auf der Welt wird heute mehr Pizza gegessen als hier[9] –, mit einer Reihe von kreativen Veränderungen, die aus dem schlichten neapolitanischen Straßengericht ein schier beliebig zu variierendes Modell der Anpassung an die unterschiedlichsten Bedürfnisse, Situationen und Geschmacksvorlieben gemacht haben. Dass das gelingen konnte, zunächst in den USA und später weltweit, liegt zuallererst in der Natur des Gerichtes selber: Pizza ist nicht nur mit geringen Mitteln herzustellen, sondern in unterschiedlichster Weise zu garnieren, darüber hinaus in der Größe variabel, teilbar, stapelbar, einfach zu befördern und leicht zu konservieren. Die amerikanische Ernährungs-Historikerin Carol Helstosky hat noch eine weitere, wie sie meint, spezifische Eigenschaft ihrer Landsleute ins Spiel gebracht, die den Siegeszug der Pizza gerade in den USA möglich gemacht habe: Als eine Nation ohne genuine eigene Küche hätten Amerikaner nicht die geringsten Bedenken, »mit ihren Gerichten zu experimentieren und Gerichte aus vielen kulturellen Traditionen zu kombinieren und zu vermischen«.[10]

Gleichzeitig setzt die Pizza, variabel wie kaum ein anderes Gericht, dennoch aller Experimentierfreude eine Grenze, lässt sie wiedererkennbar, gleichsam authentisch bleiben, und das liegt an der Vollkommenheit ihrer Form. Sie ist kreisrund. Dass es sie auch als Blechkuchen und als *pizza fritta* gibt, tut dem keinen Abbruch. Ihre eigentliche Geschichte, wo immer sie geographisch ihren Ursprung haben mag, beginnt daher mit jenen flinken Handbewegungen, die aus einem kleinen Stück Teig eine Scheibe formen.

Die Geschichte der Pizza in den Vereinigten Staaten, der ersten Etappe ihrer Emigration, lässt zugleich die Mechanismen erkennen, mit denen auch andernorts dieses anpassungsfähigste aller Gerichte seine ursprüngliche Gestalt modifiziert und die Welt in neuen Formen und Gebrauchsweisen erobert hat. Und dabei dennoch – ein weiteres Geheimnis seines Erfolgs – überall auf der Welt den gleichen Namen trägt. Es ist die Geschichte der Integration eines fremden Geschmacks in den eigenen, und sie begleitet die Geschichte der Migration.

Wie fremd die Pizza in den USA tatsächlich noch bis in die 1940er Jahre außerhalb der italienischen Community gewesen sein muss, illustriert ein Artikel in der *New York Times* über das Fest der Madonna del Carmine, eines der populärsten Feste in Kampanien, im Juli 1941 in Little Italy. »Nach ihren Gebeten konsumieren die Massen riesige Mengen von Pizzeria [!], ein gummiartiges Gebäck mit Käse und Tomatensoße«.[11] Auch spätere Artikel müssen den Amerikanern noch erklären, was eine Pizza ist, sie verbreiten aber zugleich einen neuen Umgang mit dem *Pizza Pie*: die Werbung für den häuslichen Konsum. *Pizza, a Pie Popular in Southern Italy, Is Offered Here for Home Consumption*: So warb

1944 die ›Pizzeria Alla Napoletana‹ eines gewissen Luigino Milone in der 48. Straße in Manhattan, dessen Pizzen (genannt werden die ›klassische‹ neapolitanische und die ›Calzone‹) »zur Lieferung nach Hause bestellt werden können; zu diesem Zweck werden sie, glühend heiß, in speziellen Schachteln (*special boxes*) verpackt«.[12] Ob Luigino Milone der Erste war, der in New York diesen Einfall hatte, wissen wir natürlich nicht; geboren war damit jedenfalls die Idee des *Delivery*.

Die New Yorker *Pizza Baker* hatten sie in die neue Heimat übernommen und ihr angepasst. In Neapel gehörten ambulante Pizzaverkäufer zum Straßenbild, »Jungen, die eine große, gewölbte Blechbüchse auf dem Kopf tragen« und in die Häuser der Armen brachten.[13] Die New Yorker *special boxes* bestanden aus dem jetzt in Mode gekommenen Pappkarton.[14] Die Erfindung der faltbaren Pizzaschachtel zur Einwegbelieferung hat jedenfalls nicht wenig zum Erfolg des Gerichts beigetragen.[15] »Auslieferungen bleiben zehn bis fünfzehn Minuten lang heiß, man kann sie aber auf einem einfachen Ofen aufwärmen, falls die Tour nach Hause länger dauert […] Jede ergibt vier Portionen, obwohl viele Leute mühelos mit einem ganzen Kuchen fertig werden«.[16]

Vom Verzehr in der Pizzeria führte der Weg zum Konsum in den eigenen vier Wänden. Bis zur eigenen Herstellung zu Hause war es nur noch ein kleiner Schritt: »Verwandle deine Küche in eine italienische Pizzeria, den Ort zum Herstellen von Pizzen, heiß und herzhaft«, legt ein Artikel den Hausfrauen 1947 nahe, die Autorin beschreibt, wie man den Teig für eine klassische neapolitanische Pizza herstellt und diese am Ende in einzelne Portionen teilt. »Das ist eine informelle Mahlzeit, gut für Veranda-Suppers und Hinterhof-Partys, wie sie bei warmem Wetter in Mode sind. Pizza könnte als Snack genauso populär sein wie Hamburger, wenn die Amerikaner nur mehr darüber wüßten«.[17]

Schnelles Essen. Der Weg in die Massenkultur

An Informationen über die Pizza wie generell über italienische Nahrungsgewohnheiten sollte es in Zukunft nicht mehr fehlen – es ist bezeichnend, dass eine englischsprachige Bearbeitung des *Artusi* in New York bereits 1940 auf den Markt kam.[18] Der eigentliche Durchbruch zur Popularität der Pizza, ihre Transformation aus einer süditalienischen Spezialität in einen gesamtamerikanischen Snack, fiel in die Zeit zwischen Ende der vierziger und Ende der fünfziger Jahre. Die Pizza nahm den Weg in die Massenkultur. »In vielen Variationen konkurriert jetzt der berühmte italienische Kuchen in seiner Beliebtheit mit dem Hot Dog«, heißt es in einem Artikel ›Pizza a la Mode‹ 1956. Der Autor weist darauf hin, dass auf zwei amerikanischen Handelsmessen, eine davon sogar in Texas, soeben mehr Maschinen zur Herstellung von Pizza vorgestellt worden seien als Würstchen-Wärmer. Und er bemerkt nicht ohne Stolz auf den *american way of life*, dass ein neapolitanischer Pizzabäcker sich wundern würde, wenn er sehen könnte, wie auf amerikanische Weise Pizza gemacht werde: von Lieferketten, die am Fließband arbeiteten »wie bei General Motors«, Pizzen in allen möglichen Formen, als Muffin, als Bagel, belegt in allen denkbaren Variationen, und sei es mit Banane, Zimt und Puderzucker, vertrieben frisch zubereitet oder tiefgekühlt und konsumiert an Straßenecken ebenso wie in Bars, Schnellimbissen und Restaurants.[19]

Mit seinem weiteren Weg, zunächst in den USA, später weltweit, setzte sich in neuen Formen fort, was für die Anfänge des Gerichts charakteristisch gewesen war: sein massenkultureller Habitus. Nur dass diese Massen nicht mehr die schweifenden, wohnungslosen Lazzaroni der neapolitanischen Quartieri Spagnoli waren, die sich mit der Pizza für wenige *baiocchi* eine billige

Mahlzeit leisten konnten, sondern die Massen einer mobilen großstädtischen Nachkriegs-Gesellschaft, für die schnelles, vorfabriziertes Essen mehr und mehr zur Selbstverständlichkeit wurde.

Die Pizza, geboren als Produkt der Großstadt, entwickelte sich zum sozialen Erfolgsmodell mit der Urbanisierung der Welt, ihrer anwachsenden Verstädterung und Metropolisierung. Auch wenn sie ihre moderne Geschichte nicht mehr der puren Not ihrer Konsumenten verdankt, sondern eher einem veränderten Zeitbudget und sich auflösenden familiären Strukturen, bleibt sie doch das urbane Gericht schlechthin. Die Pizza ist das Kind der globalen gastronomischen Moderne.

Neue technologische Möglichkeiten und Veränderungen in den Arbeitsprozessen schienen zudem die Pizza als schnelles Essen regelrecht zu favorisieren. Bereits in den 1930er Jahren erfindet ein italienischer Emigrant in New York den *Pizza Truck*: eine mobile Pizzeria (»*All cooking and preparing can be done within the*

Auf der Straße

truck«)[20] – die konsequente Fortsetzung des neapolitanischen Straßenhandels in motorisierter Form. Nach dem Krieg brachten die neuen Gefriertechniken *frozen pizza* auf den Markt, Franchise-Restaurant- und Lieferketten wie *Pizza Hut* breiteten sich aus, offerierten Pizzen in unterschiedlichen Größen, mit unterschiedlichen Krusten, variablen Soßen und breit gefächerten Ingredienzien, von *fresh spinach* über *grilled chicken* bis *sweet pineapple*. Der alte flache Fladen schwillt zum opulenten Kuchen der *deep-dish-Pizza* auf. Und längst ist der Vorgang dessen, was einmal das Backen war, industrialisiert.

Von ihrer zweiten Heimat, den Vereinigten Staaten, aus ist es der Pizza auf diese Weise gelungen, fast alle geographischen und nicht zuletzt politischen Grenzen zu überwinden. Auf Grönland kann man heute ebenso Pizza essen wie in Pjöngjang. Und in der uns vertrauten Welt gibt es so gut wie keinen Ort und keine Tageszeit, in der sie auf Verlangen nicht umgehend zur Verfügung stünde. Das gilt auch für ihre alte Heimat. Der Weg, den sie hier genommen hat, ist allerdings ein wenig verwickelter.

Grün-Weiß-Rot
Die Pizza wird italienisch (und prominent)

Es mag eine Legende sein, die Matilde Serao in ihrer Sozialreportage *Il ventre di Napoli* (1884) erzählt: dass nämlich ein Geschäftsmann aus Neapel mit der Eröffnung einer Pizzeria in Rom kläglich gescheitert sei, niemand habe dort Pizza essen wollen.[21] Richtig daran ist, dass die Pizza in Gesamt-Italien erst nach 1945 populär, erst dann aus einem neapolitanischen Lokal- ein italienisches Nationalgericht wurde.[22] Damit trat sie in Italien allmählich aus dem Schatten ihres alten subproletarischen Milieus und wurde gesellschaftsfähig.

Der Prozess ihrer Nobilitierung knüpft sich an die Entstehungslegende der ›Pizza Margherita‹, sicherlich die am häufigsten kolportierte Episode rund um die Pizza. Denn sie ist ja nicht nur die Geschichte eines Rezepts, sondern will zugleich der Beweis dafür sein, dass dieses einfache, ärmliche Straßengericht sogar dem Geschmack einer Königin aus dem Hause Savoyen habe schmeicheln können, als diese im Jahr 1889 zusammen mit ihrem Mann Umberto die Stadt am Golf besuchte und ihr dort im Palazzo Capodimonte eine Pizza in den italienischen Nationalfarben serviert worden sei. Das Aschenputtel unter den Gerichten fand Zugang zur königlichen Tafel. Ganz ähnlich erwies 1994 der amerikanische Präsident Bill Clinton bei seinem Besuch in Neapel der Pizza (und der Stadt) seine Reverenz, als er demonstrativ eine Pizza auf der Straße aß, zusammengefaltet, wie es sich gehört, und damit eine neue Legende in die Welt setzte, die allerdings weniger der Nobilitierung des Gerichts als dem mit ihm verbundenen legeren Lebensstil galt.

Wie unbekannt die Pizza tatsächlich im Norden Italiens noch nach dem Zweiten Weltkrieg war, zeigt ein Klassiker des italienischen Neorealismus, Giuseppe Marottas *L'oro di Napoli* (*Das Gold von Neapel*, 1958). Das Buch des neapolitanischen Autors erschien zunächst als Vorabdruck in der Mailänder Tageszeitung *Corriere della Sera*, dann 1947 im Mailänder Verlag Bompiani: Der Begriff ›Pizza‹, der in einer der Erzählungen zentral ist, steht dort noch durchgehend in Anführungszeichen.[23] Dabei sollte gerade Giuseppe Marottas Buch nicht wenig dazu beitragen, dass das neapolitanische Straßengericht im Norden bekannt wurde: *L'oro di Napoli* wurde 1954 von Vittorio De Sica verfilmt. In einer der Episoden spielte Sophia Loren eine Pizzabäckerin, die ihren Hochzeitsring beim Kneten des Teigs verloren haben will, ihn tatsächlich jedoch bei ihrem Liebhaber vergessen hat. Der Film wurde 1955 in Cannes präsentiert und international erfolgreich. Er machte Sophia Loren berühmt, »für alle Italiener wurde sie die Pizzaiola«.[24] Und er zeigte das Gewerbe, das sie im Film mit ihrem Verkaufsstand ›Da Sofia‹ betrieb.[25] Sophia Loren wurde zur ›Königin der Pizza‹, die Pizza zum königlichen Geschöpf aus den Händen von Sophia Loren. Der lombardische Lebensmittelkonzern Locatelli sekundierte mit der Einführung einer pizzagerecht portionierten ›Mozzarella Pizzaiola‹, Werbeslogan *Siate una donna in linea*, frei übersetzt: »Seien Sie eine Frau, so schlank wie Sophia Loren«. Und *alla pizzaiola* wurde zur Bezeichnung verschiedener Rezepte. Jetzt musste man Pizza auch in Mailand nicht mehr in Anführungszeichen setzen.

Sophia Loren wurde in der Folgezeit, längst bevor dies in Mode kam, eine der ersten Prominenten, die sich in den Medien als kulinarische Expertin präsentierte. International bekannt wurde ihre biographisch getönte Rezeptsammlung *In cucina con amore* (1971), in der sie ein Kapitel der Pizza widmete, mit Rezepten für die eigene Küche in Pfanne und Backofen.[26]

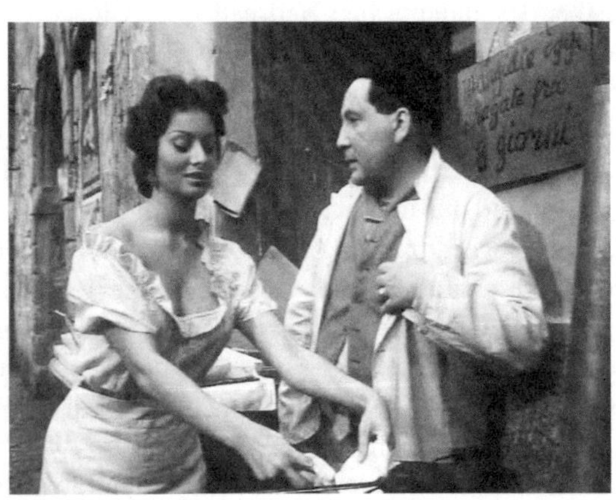

Sophia Loren als Pizzabäckerin in *L'oro di Napoli*, 1954

Weniger prominent vollzog sich die Verbreitung der Pizza auf der ›Palmenlinie‹ (Leonardo Sciascia) durch die massenhafte binnenitalienische Migration von Arbeitskräften aus dem Mezzogiorno in den Norden.[27] Auf diese Weise etablierten sich zunehmend in Nord- und Mittelitalien die ersten Pizzerien (Mailand 1953; Novara 1953; Perugia 1958; Triest 1961; Bergamo 1963). Dabei entstanden soziogeographische Beziehungen zwischen Herkunftsorten im Süden und den Arbeitsplätzen im Norden, wie sie ähnlich beim Gewerbe der Eismacher aus den Dolomiten und deren Arbeit in Deutschland zu beobachten waren.

Das sicherlich eindrucksvollste Beispiel bietet der kleine Ort Tramonti, ein Bergdorf etwa 50 km südlich von Neapel in den Monti Lattari gelegen. Tausende von zumeist jungen Männern wanderten nach dem Zweiten Weltkrieg von dort in den Norden Italiens aus, zwischen 1951 und 1991 verlor die Kommune (die aus dreizehn über die Berge verstreuten Ortsteilen besteht) mehr als 30 % ihrer gesamten Einwohner. Viele von ihnen gründeten im Norden Pizzerien oder fanden in solchen ihre Beschäftigung, wobei ihnen die lokale Herkunft zugute kam: Die Ortschaft liegt im Anbaugebiet der ›San Marzano‹-Tomaten und betreibt Käsewirtschaft. Durch familiale Netzwerke entstanden Ketten- und Nachfolge-Migrationen, so gut wie jede Familie im Ort ist mit Auswanderern im Norden Italiens verbunden; rund 3000 von ihnen sollen als Pizzabäcker dort tätig sein.[28] 1992 entstand auf dieser Basis ein organisatorischer Zusammenschluss lokaler und emigrierter Pizzabäcker und -lobbyisten, die ›Corporazione dei Pizzaioli di Tramonti‹. Sie arbeitet als Interessenverband und Kulturvereinigung für die Pflege gastrokultureller Traditionen und die Einhaltung von Qualitätsstandards der ›tramontanischen‹ Pizza, veranstaltet Festivals, Kurse und hat 2010 ein eigenes Gütesiegel für die ›echte‹

Ristorante Pizzeria in Bellaria an der Adria, um 1975

tramontanische Pizza erwirkt. Auf diese Weise ist das kleine Dorf in der öffentlichen Wahrnehmung zur ›Repubblica dei pizzaioli emigranti‹ und die Pizza zu »einer Ikone der lokalen Tradition« geworden.[29] Sie hat dadurch, gleichsam auf dem Rückweg aus der Emigration, in ihrem Herkunftsort eine kulturelle Bedeutung bekommen, die sie vorher dort überhaupt nicht hatte.

Mit ihrer Verbreitung aus dem Mezzogiorno veränderte die Pizza im Norden Italiens zugleich ihre soziale Aura – und dies in doppelter Hinsicht. Auf der einen Seite setzte sie ihren Einzug in die ›gute Gesellschaft‹ fort, wurde Teil der bürgerlichen Restaurantkultur: Die Denomination *Ristorante & Pizzeria*, ursprünglich zwei gänzlich verschiedene Typen von Lokalen, ist seit den 1970er Jahren weit verbreitet. Auf der anderen Seite wurde Pizza vor allem in den großen Städten Teil des meist jugendkulturellen Fastfood.[30] Allerdings konnten amerikanische Schnellrestaurantketten wie ›Pizza Hut‹ oder ›Domino's‹ in Italien trotz immensen Werbeaufwands nicht in gleicher Weise wie in Deutschland und in anderen europäischen Ländern Fuß fassen.[31] Das hängt vermutlich damit zusammen, dass die Divergenzen im Geschmack zwischen den Generationen in Italien weniger ausgeprägt sind.[32] Und auch die Tiefkühlpizza, wenngleich in Italien präsent, findet dort deutlich weniger Akzeptanz als nördlich der Alpen.[33]

Vom Fremdwort zur Tiefkühlkost Die Pizza in der Bundesrepublik

Nach Deutschland fand die Pizza erst ihren Weg, als sie jenseits des Atlantiks längst etabliert war. ›Pizza‹ blieb bis in die sechziger Jahre in Deutschland ein Fremdwort. Bertelsmanns Italien-*Reiseführer für Menschen von heute* hat 1960 noch seine liebe Not damit, zu erläutern, was eine Pizza ist: »Teigfladen, gefüllt mit Tomaten, Sardellen, Käse und anderen Zutaten«.[34] Und der Autoreise-Baedeker *Italien* spricht sogar noch 1967 von der »sogenannten Pizzería« (mit Akzentsetzung für die richtige Aussprache), »eine meist einfache Gaststätte, in der man außer anderen einfachen Gerichten die mit Mehlteig, Mozzarella-Käse und verschiedenen Zutaten (wie Tomaten, Fischchen, Pilzen) zubereitete und im allgemeinen recht billige Pizza erhält«.[35]

Es wundert nicht, dass selbst jenes Lokal, das sich rühmt, die älteste Pizzeria Deutschlands zu sein, anfänglich keineswegs unter diesem Begriff firmierte.[36] Es war die 1952 in Würzburg von Nicolino di Camillo und seiner deutschen Ehefrau gegründete ›Bier- und Speisewirtschaft Capri‹ mit einer Nachbildung der ›Blauen Grotte‹ im Keller.[37] Di Camillo stammte aus den Abruzzen und war mit einer amerikanischen Militäreinheit nach Deutschland gekommen, wo er zunächst in der Küche eines US-Clubs gearbeitet hatte. Amerikanische Soldaten waren in den ersten Jahren in Würzburg auch sein Stammpublikum – in der Stadt lebten Tausende von GIs, Würzburg war Hauptquartier der 1. US-Infanteriedivision. Amerika stand also, zumindest in diesem Fall, Pate bei der Einführung der Pizza in Deutschland. Die Einheimischen selber taten sich hingegen damit schwer, Di Camillo musste mit ›Pizza-Vorstellungen‹ für das Gericht werben, das er im Rahmen einer allgemeinen italienischen Speisekarte anbot. Und die Brauerei, die das Lokal belieferte, wollte dessen italienische Umbenennung – es hieß bis dahin ›Uffenheimer Bräustüble‹ – zunächst nicht akzeptieren. Keine Experimente: Das Motto der Adenauer-Ära galt auch für den Geschmack.

Der Widerspruch zwischen der Italien-Liebe der Deutschen und ihrer Abwehr des fremden Geschmacks, wie er bereits charakteristisch für die Geschichte der Grand Tour gewesen war, bleibt noch für die frühen Jahre der Bundesrepublik bestimmend. Die Pizza hatte es schwer, hier Fuß zu fassen.

Das änderte sich erst, als nach dem deutsch-italienischen Anwerbeabkommen (1955) in den sechziger und siebziger Jahren Hunderttausende von Arbeitsmigranten, darunter viele Süditaliener, ins Land kamen – noch heute lebt die größte italienische Migrantengruppe Europas in der Bundesrepublik. Eines der Zentren der Migration war das Ruhrgebiet, 1968 eröffnete hier, in Oberhausen, die erste Pizzeria der Region.[38] Ihr Gründer, Salvatore de Rosis, Sohn kalabresischer Bauern, war 1961 nach Deutschland gekommen und hatte zunächst mehrere Jahre in der Zeche Zollverein in Essen gearbeitet. In seinem Lokal bot er zunächst gängige Gerichte wie Hähnchen und Pommes an, denen er mehr und mehr auch italienische Speisen hinzufügte. »Mein Onkel hat anfangs Mini-Häppchen seiner Pizzen als Werbe-Aktion verschenkt«, erinnerte sich 2012 seine Nichte, »es konnte sich ja keiner vorstellen, was eine Pizza überhaupt ist«. Ein Jahr später, 1969, eröffnet Francesco Lodato aus Cava de' Tirreni eine Pizzeria in Mühlheim/Ruhr, zuvor war er dort bei den Siemens-Schuckert-

Werken beschäftigt gewesen. Und 1972 gründet Gennaro Vincenzi aus Kalabrien, ein ehemaliger Lackierer, die erste Pizzeria in Gelsenkirchen, auch er, indem er ein heimisches Kneipenlokal um das exotische Angebot erweiterte. So entstanden in verschiedenen Orten des Ruhrgebiets in dieser Zeit Pizzerien. Allerdings: »Die meisten Einheimischen standen dem großen ›Pfannekuchen‹ zunächst skeptisch gegenüber«.[39]

Nicht immer waren es ungelernte Arbeitsimmigranten, die sich, wie im Ballungszentrum des Ruhrgebiets, im Gastronomiegewerbe etablierten.[40] In anderen Fällen hatten ›Gastarbeiter‹, zumeist ebenfalls aus Süditalien, bereits in ihrer Heimat entsprechende Erfahrungen gesammelt. Ohnehin war ein kleiner Anteil (3,3 %) der aus Südeuropa Eingewanderten im Dienstleistungsgewerbe (etwa als Kellner) tätig.[41] So wurde die erste Pizzeria in München 1966 von einem Einwanderer aus der Gegend von Sorrent, Mario Gargiulo, gegründet, der bereits in Italien und dann in Deutschland als Koch gearbeitet hatte.[42] Auf der Insel Föhr war es 1978 ein Kellner aus Ischia, in Haslach im Schwarzwald 1986 ein Bäcker aus dem Salento, die hier die ersten Pizzaöfen befeuerten.[43]

Aus solchen und ähnlichen lokalen Recherchen lässt sich zwar einiges über die Gründungsgeschichte der Pizzerien erfahren, nur wenig aber über die Besucher und das soziale Milieu der Lokale. Langfristig kam es in der Bundesrepublik zu einer zweigleisigen Entwicklung: Vor allem in den Großstädten etablierten sich gutbürgerliche italienische Restaurants, die unter anderem Pizza auf ihrer Speisekarte führten. Zu den Gästen zählten außer den Deutschen einzelne Italiener aus gehobeneren Schichten. Daneben entstanden in Städten mit hoher Migrantenquote kleine Betriebe, die, ähnlich manchen Eisdielen und von Deutschen kaum zur Kenntnis genommen, zu beliebten Treffpunkten italienischer ›Gastarbeiter‹ wurden – Orte also, an denen das ursprüngliche soziale Milieu der alten neapolitanischen Pizzeria am ehesten weiterlebte.

Für diese polare Entwicklung, wie sie bereits in den Vereinigten Staaten vorgebildet war und in Italien ähnlich verlief, eignete sich die Pizza wie sonst kaum ein anderes Gericht. Ihre sozialen Konnotationen, ursprünglich im Unterschichtenmilieu verankert, sind auf diese Weise immer uneindeutiger geworden. Pizza ist nach wie vor eine preiswerte Mahlzeit – und dennoch attraktiv für alle Gesellschaftsschichten. Auch die Generationengrenzen hat sie überwunden, ist bei kleinen Kindern ebenso beliebt wie bei kritischen Jugendlichen und gutsituierten Erwachsenen. Inzwischen hat sie sogar ihr nationales Profil fast gänzlich verloren. Im Angebot als Streetfood wird sie heute kaum noch als italienisches Gericht wahrgenommen, mehrheitlich vermutlich nicht einmal mehr von Italienern vertrieben.

Hatten süditalienische Immigranten in den 1960er Jahren der Pizza vorsichtig die Tür in die Bundesrepu-

Die Pizzeria als Playmobil-Spielzeug

blik geöffnet, so waren es – wiederum ähnlich wie in den USA – neue technologische und wirtschaftliche Entwicklungen, die ihr in den folgenden Jahrzehnten zur massenhaften Ausbreitung verhalfen. 1970 brachte der Lebensmittelkonzern Dr. Oetker mit der ›Pizza alla Romana‹ die erste Tiefkühlpizza in Deutschland auf den Markt (»backofenfertig im praktischen Alu-Teller«, Preis DM 2,95); als Zielgruppe fassten die Werbestrategen der Firma damals noch »junge, gut verdienende Großstädter« ins Auge.[44] 1980 eröffnete der Konzern einen eigenen Produktionsstandort und erweiterte ab 1985 zunehmend das Angebotsspektrum. Damit eroberte sich die Pizza, ähnlich wie in den USA, auch in Deutschland die Haushalte, kam zugleich dem deutschen, fleischliebenden Geschmack entgegen: Die umsatzstärkste Variante bei Dr. Oetker ist bis heute die 1997 eingeführte ›Pizza Salame‹, jährlich werden 20 Millionen Stück davon verzehrt.[45]

Die im 21. Jahrhundert verstärkt operierenden Bringdienste forcierten die Entwicklung. Pizza gehört heute zu den beliebtesten Tiefkühlartikeln in Deutschland, allein von 2008 bis 2018 ist der Absatz um circa 30 % gestiegen, der durchschnittliche Konsum pro Einwohner in der BRD lag 2019 bei zehn bis zwölf Tiefkühlpizzen pro Jahr.[46]

Für die wachsende Beliebtheit als Streetfood sorgen seit den 1980er Jahren zudem einschlägige Schnellrestaurantketten wie das seit 1983 auch in Deutschland operierende ›Pizza Hut‹, wo Pizza als Teil des amerikanischen Gastro- und Lebensstils offeriert wird. Allenfalls in der Symbolik bestimmter Namens- und Farbgebungen bemühen die Betreiber italienisches Flair. Aus ihrer Wahlheimat USA ist die Pizza in chamäleontisch verwandelter Form auf den alten Kontinent zurückgekehrt.

›Krusta‹ gegen ›Pizza‹. Die DDR-Konkurrenz

Dass die Pizza im geteilten Deutschland sogar den Eisernen Vorhang überwinden konnte, spricht in ganz besonderer Weise für die Durchsetzungsfähigkeit des Gerichts. Konsumgüter und Einrichtungen, die für ›westlichen‹ Lebensstil standen, wurden in der DDR von offizieller Seite lange Zeit mit Misstrauen betrachtet, genossen jedoch bei großen Teilen der Bevölkerung gerade deswegen hohe Popularität. Vermutlich um diesen Widerspruch zu mildern, wurde Ende der 1970er Jahre mit der ›Krusta-Stube‹ ein Typus der »sortimentspezialisierten Schnellgaststätte«[47] entwickelt, der westlichen Fastfood-Verkaufsstätten nachempfunden war. Der neu geschaffene Begriff ›Krusta‹ ließ an die ›Pizza‹ denken, ohne sie direkt beim Namen zu nennen. Auf diese Weise entstanden ab 1976 zunächst in Berlin und Leipzig »im Folklorestil gestaltete« sogenannte ›Krusta-Stuben‹.[48] Auch auf Weihnachtsmärkten wurde Krusta verkauft.[49] Der zentral produzierte Teig aus Weizen- und Roggenmehl wurde vor Ort im Blech ausgebacken und in unterschiedlichen Varianten angeboten.[50] Auf den Speisekarten (Motto in Berlin: »Was für den Italiener die Pizza, ist für den Berliner seine Krusta«) standen verschiedene Varianten wie ›Szegediner Krautkrusta‹ oder ›Hackfleischkrusta‹.[51] Auch unter fremdem Namen und in ungewohnt eckiger Form bewies das Gericht wieder einmal seine regionale Anpassungsfähigkeit.

Eine der ersten Einrichtungen dieser Art, die HO-Gaststätte ›Krusta-Stube‹ im Stadtbezirk Prenzlauer Berg in Berlin, wurde mehrfach vom Ministerium für Handel und Versorgung mit dem Wanderpokal in der Rubrik ›Spezialgaststätten‹ ausgezeichnet.[52] Für die Jüngeren in der DDR scheint sich hingegen ein bestimmtes Lebensgefühl mit dem Besuch einer ›Krusta-Stube‹ verbunden zu haben: »Auch wenn sie anders hieß, wir hatten jetzt Pizza wie in Bella Italia, Adriano Celentano saß gewissermaßen mit am Tisch«.[53] Die Berliner Krusta-Stube am Prenzlauer Berg überlebte sogar das Ende der DDR und existierte bis 2007.[54] Und noch heute kann man auf einschlägigen Internet-Seiten Rezepte für die ›Krusta‹ finden.

Gastronomiekette ›pizza-buffet‹ Dresden, um 1980

Neben den Krusta-Stuben entstanden in den 1980er Jahren in der DDR Einrichtungen, die in ihrem Angebot den Begriff ›Pizza‹ verwendeten, so die Handelskette ›pizza-buffet‹ (Spezialität: ›Fleischpizza‹ mit Rinderschmorbraten und Gewürzgurken), die 1988 insgesamt 42 Imbissgaststätten zählte.[55] »Pizza, aus Italien und den Balkanländern in die DDR kommend, hat sich in der Republik bereits viele Freunde erworben«, heißt es 1983 in einer Pressenotiz aus Anlass der Eröffnung des ersten von der Konsum-Genossenschaft betriebenen ›pizza-buffets‹ in Eisleben. »Es ist ein mit Wurst, Fleisch oder Gemüse überbackener und raffiniert gewürzter Hefeteig«.[56] Auch das DDR-Kochbuch kannte die ›Pizza‹.[57] Nach 1989 verbreiteten sich dann allerdings, zusammen mit anderen ›westlichen‹ gastronomischen Offerten, sehr rasch Lokale oder Ketten im Gebiet der ehemaligen DDR, die Pizza verkauften, beziehungsweise das, was in der Bundesrepublik dafür galt.

Die Pizza als Weltkulturerbe
Von der ewigen Sehnsucht nach dem Authentischen

In Neapel, der alten Heimat der Pizza, sieht man deren weltweiten Erfolg mit gemischten Gefühlen, bedeutet deren schier beliebige Umgestaltung vielen eine Banalisierung des Produkts, der es entgegenzutreten gelte. Nach der 1981 gegründeten ›Associazione Pizzaioli Europei e Sostenitori‹, die vor allem die Professionalisierung der Pizzabäcker fördern will, ist es die 1984 entstandene ›Associazione Verace Pizza Napoletana‹ (AVPN), die sich die Pflege der authentischen, der ›wahrhaften‹ (*verace*) neapolitanischen Pizza zum Ziel gesetzt hat. »Wir wollen die historische Erinnerung an ein Produkt retten, das es so nur in Neapel gab, eine Erinnerung, die komplett verlorenzugehen drohte«, definierte der Gründer und langjährige Präsident der Gesellschaft, Antonio Pace, die leitende Idee. »Die Pizza gehört zu uns, sie hat die Geschichte, die Kultur unserer Stadt geprägt«.[58] Mit dem regionalen Selbstbewusstsein paaren sich die Hochachtung vor den handwerklichen Traditionen und die Polemik gegen die Industrialisierung des Produkts, die zu einer, wie es in der Gründungserklärung des Verbandes heißt, »kulturellen und kommerziellen Deformation« der Pizza geführt habe.[59] 1995 erarbeitete der Ernährungsphysiologe Carlo Mangoni ein umfangreiches Regelwerk zur Definition der ›wahren neapolitanischen Pizza‹; Betriebe, welche die dort genannten Vorgaben erfüllen, dürfen als Mitglieder des Verbandes dessen Logo führen, es sind heute weltweit rund achthundert. Die Vorgaben der Vereinigung sind streng, betreffen in detaillierten Bestimmungen die Zusammensetzung und die Verarbeitung des Teigs, den Belag und den Ofen. Auch wenn bei diesem Verfahren gern die ›alte Tradition‹ der neapolitanischen *pizzaioli* beschworen wird, ist die *Vera Pizza Napoletana* eine neue, hochkultivierte

Form des Gerichts. Denn wie die historischen Quellen zeigen, war die Pizza im Straßenverkauf im 19. Jahrhundert keineswegs standardisiert, sondern ein sehr variables Gericht.

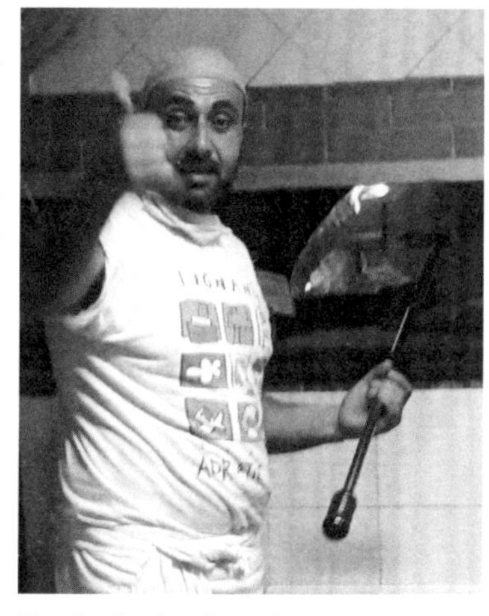
Pizzabäcker bei der Arbeit

Durch Initiative der AVPN wurde die *Pizza Napoletana* 2010 von der Europäischen Union als ›geschützte Ursprungsbezeichnung GTS‹ (›Garantiert Traditionelle Spezialität‹) registriert.[60] Im Jahr 2017 erhielt sie Weltrang durch Aufnahme in die Liste des Immateriellen Kulturerbes der UNESCO. Registriert wurde dabei, den Gepflogenheiten der Kommission entsprechend, nicht das Produkt, also die Pizza als solche, sondern »die Kunst des neapolitanischen pizzaiolo als kulinarische Praxis«. Gewürdigt wurde in der Begründung unter anderem die Verknüpfung der Pizza mit alltagskulturellen Praktiken in Gestik, Musik, Dialekt und kommunikativen Ritualen sowie ihre Bedeutung für das soziale Leben und den Austausch zwischen den Generationen.[61]

In Neapel löste die Nachricht Begeisterung aus, die *pizzaioli* verschenkten Pizza auf den Straßen. Und der Bürgermeister sprach von einem Sieg und schrieb über die Anerkennung: »Sie zeigt die Bedeutung Neapels im Bereich der Kunst, der Kultur, der Traditionen, der Geschichte, der Kreativität, der Phantasie«.[62]

Einen opulenteren Belag hat die Pizza wohl nie getragen.

Ristorante Italiano

Der Triumph des mediterranen Geschmacks

Der fremde Geschmack wird heimisch

Geschmack lebt von Orten, Räumlichkeiten, Interieurs, an die er sich bindet, wo er sich aufrufen, zelebrieren oder erinnern lässt. Das gilt in besonderer Weise für den fremden Geschmack. Mit der Eisdiele hatte sich bereits in der frühen Bundesrepublik ein ›italienischer‹ Ort entwickelt, es folgten die Pizzerien. Mit den italienischen Restaurants, wie sie sich seit den 1970er Jahren in (West-)Deutschland rasch verbreiteten, fand der italienische Geschmack seine definitive Institution.[1] Im Laufe von zwei kurzen Generationen sollte es derjenige Ort werden, an dem die uralte Skepsis der deutschen Esser gegenüber der italienischen Kost erst einer vorsichtigen Annäherung, schließlich einem anhaltenden Enthusiasmus für die mediterrane Küche Platz machen würde – jedenfalls für diejenige, wie sie hier angeboten wurde. Die Geschichte der gastrokulturellen deutsch-italienischen Begegnung fand im *Ristorante Italiano* ihren vorläufigen Abschluss. Italienische Gaststätten rangieren heute zahlenmäßig an erster Stelle der ausländischen gastronomischen Betriebe, haben gesellschaftlich das höchste Ansehen und vielerorts sogar die gute alte Dorfwirtschaft auf dem Land verdrängt.

Ähnlich wie im Fall der Pizzerien war auch die Gründung und Ausbreitung italienischer Speiselokale zunächst eng an die Zuwanderung italienischer Arbeitsmigranten gebunden. Der größte Teil von ihnen kam aus dem wirtschaftlich schwachen Mezzogiorno.[2] Nicht einmal die Hälfte der Betreiber und Angestellten war vorher in Italien in der Gastronomie tätig gewesen[3] – die Restaurants hatten daher ursprünglich einen eher bescheidenen Zuschnitt. Für italienische ›Gastarbeiter‹ waren sie attraktiv, da diese auch in der Fremde an ihrer heimischen Kost festhalten wollten und oft »eine fast unverständliche Abneigung gegen die deutsche Küche« hatten.[4] Tendenziell zielten die Restaurants allerdings eher auf ein deutsches Publikum, nach und nach steigerten viele von ihnen ihr kulinarisches Niveau und ihr gesellschaftliches Ansehen – bis hin zu Lokalen der Spitzengastronomie.

Urlaub in Italien
Massentourismus als Gastrotourismus

Begleitet und verstärkt wurde die allmählich wachsende Vorliebe für die italienische Gastronomie in Deutschland durch eine geographisch gegenläufige Wanderbewegung: den zunehmenden Italientourismus nach dem Zweiten Weltkrieg. In den Reiseführern und Italienbüchern spielten jetzt kulinarische Hinweise eine immer größere Rolle – eine Entwicklung, die sich über drei Jahrhunderte Reiseratgeber-Literatur hinweg beobachten lässt und heute einen Höhepunkt erreicht zu haben scheint. Die Gründe dafür sind in veränderten Reiseidealen und -erwartungen der neuen Generationen zu suchen[5] und generell in der wachsenden Bedeutung von Themen wie Ernährung und Körperbewusstsein im 20. und 21. Jahrhundert.

Die Annäherung an den fremden Geschmack setzt allerdings in der Zeit des Massentourismus nur langsam ein. Geradezu rührend erläutern die Reiseführer noch in den 1960er Jahren Begriffe wie *gnocchi*

(›Grießnockerln‹), *ravioli* (›gefüllte Teigtaschen‹) oder *scampi* (›Langustenschwänze‹), bringen den Deutschen Knoblauch und das bisher als ungenießbar geltende Olivenöl näher und bemühen sich um Verständnis für die gastronomischen Örtlichkeiten des Landes.[6] Die lang verpönten ›landestypischen‹ Lokale rücken zunehmend in den Horizont der Reisenden. Und selbst die *cucina di mare*, die Meeresfrüchte-Küche, wird jetzt tapfer in Angriff genommen: »Gewiß, auf den Neuling ist der erste Eindruck dieses Gerichtes ziemlich vernichtend«, schreibt ein Ratgeber über das venezianische *fritto misto:* »Gebackene Regenwürmer, Engerlinge, Kaulquappen und fremdartiges anderes Getier im embryonalen Zustand! Und das soll man essen?«[7] – Ja, man *sollte* es essen, die Ratgeberliteratur der Zeit erweckt nicht selten den Eindruck, dass hier den Nachkriegs-Deutschen eine Art gastronomisches Erziehungsprogramm auferlegt werden sollte. Und in jedem Fall macht sie deutlich, wie fremd ihnen noch vor zwei Generationen die italienische Küche war.

Auch auf italienischer Seite wurde Essen und Trinken zum Thema der Tourismuswerbung. Der italienische Fremdenverkehrsverband vertrieb ab 1952 deutschsprachige kulinarische Empfehlungen für die einzelnen Regionen,[8] der ›Touring Club Italiano‹ brachte 1969 einen *Guida gastronomica d'Italia* heraus, der bereits zwei Jahre später in deutscher Bearbeitung in einem anspruchsvollen Reiseführer-Verlag erschien und eine Fülle hochdifferenzierter regionaler Spezialitäten vorstellte.[9] Für die Mehrzahl der Urlauber war es allerdings hilfreicher, dass die neuen Strukturen des Massentourismus die Fremdheitserfahrungen der Touristen auch kulinarisch in Grenzen hielten – die Wirte in Cattolica oder Jesolo kamen ihren deutschen Gästen gern geschmacklich entgegen. Wer auf eigene Faust unterwegs war, konnte indes seine Überraschungen erleben. Zum Beispiel,

Restaurant in Sorrent, um 1976

dass man für *coperto*, Gedeck, im Restaurant extra zu bezahlen hatte. Das war beim Italiener in Deutschland, zu dem man dankbar zurückkehrte, anders (bei den meisten wenigstens).

Insgesamt entwickelte sich auf diese Weise in der Verschränkung von italienischer Arbeitsmigration und deutschem Italientourismus in zunehmend breiteren Schichten die Vorliebe für den fremden Geschmack des vorher verpönten Mediterranen. Ein aus Rimini ins Ruhrgebiet eingewanderter Gastronom brachte den Prozess in einem Gespräch 2012 treffend auf den Punkt: Früher wollten die Deutschen in Rimini Eisbein, heute verlangen sie in Rüttenscheid die authentische italienische Küche.[10]

Erfahrungen mit der Pasta

Zu den besonderen kulinarischen Erfahrungen, welche die Deutschen in den italienischen Restaurants – sei es in der Heimat oder im Urlaub – machen konnten, gehörte ohne Zweifel die Pasta. Natürlich waren Nudeln auch nördlich der Alpen bekannt gewesen, vor allem im süddeutschen Raum. Allerdings fungierten sie hier so gut wie immer als Beilage. In der italienischen Küche hingegen waren sie seit dem 17. Jahrhundert *primattori* (Montanari), spielten die Hauptrolle,[11] bedurften also nicht der ›Aufhübschung‹ durch Fleisch oder Ähnliches – wie man etwa in der Toscana oder in Umbrien bei einem Gericht *Pappardelle al cinghiale* erleben konnte, das vom *sugo* lebte, der Soße des Wildschweins, nicht von dessen Fleisch. Für die Deutschen war das befremdlich. Und die Wirte verstanden sich schnell darauf, viele sehr einfache italienische Pasta-Gerichte mit den verschiedensten Zugaben aufzuwerten und auf diese Weise dem deutschen Geschmack anzupassen, bis heute.[12]

Und dann die Konsistenz! Die ›steinharten‹ Maccaroni hatten den Reisenden der älteren Grand Tour das italienische Essen verleidet – »Man verlange sie *ben cotti*!«, war die alte Baedeker-Regel gewesen. Erstaunlich, wie spät sich der Begriff *al dente* einbürgerte – in seinem Film *Man spricht deutsh* hat Gerhard Polt ihn 1988 ironisch aufs Korn genommen. Denn natürlich war der Begriff dehnbar und die Kochzeit wurde unterschiedlich gehandhabt – besonders fest werden noch heute die *Maccheroni lunghi alla napoletana* serviert, wie sie bereits der *Artusi* den Lesern vorgestellt hatte.[13]

Auch sonst waren die ›langen Dinger‹ vielen Deutschen zunächst befremdlich, zumal es hieß, man dürfe sie nicht schneiden. »Bitte, legen Sie das Messer weg! Wir wollen nicht auffallen. Nehmen wir die Gabel steil in die rechte Hand, senken sie ins Gewirr, drehen sie ein paarmal um ihre Achse und führen die Beute zum Munde. Es ist ganz einfach.«[14] Die Filmkomödie nahm das Thema auf – Heinz Rühmanns Teddy Lemke hatte schon im Tessin seine liebe Not mit den Spaghetti, Heinz Erhardts Willi Hirsekorn half sich beim Essen mit der Schere, und Loriot kämpfte beim Heiratsantrag mit der Tücke des Objekts.[15] Die italienische Nudel

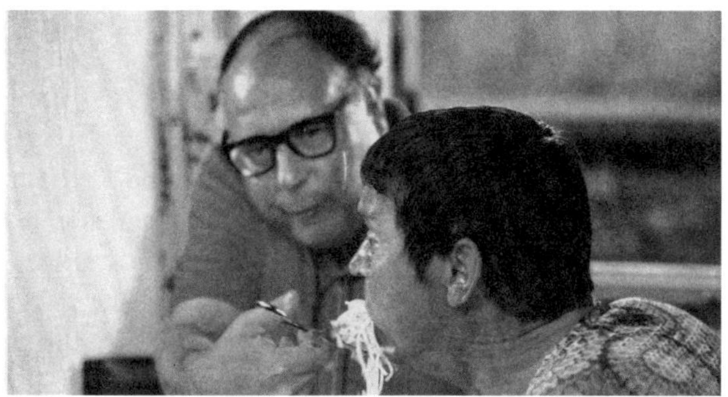

Szene aus dem Film *Das kann doch unsren Willi nicht erschüttern* mit Heinz Erhardt

machte Karriere als komischer Gegenstand. Und wurde nicht zuletzt dadurch vertraut und geschätzt – die Deutschen wurden jetzt selber, was sie vor kurzem noch den ›Gastarbeitern‹ als Schimpfwort an den Kopf geworfen hatten: *Spaghettifresser*.

Alles anders. Gastrokulturelle Divergenzen

Die Faszination, die vom *Ristorante Italiano* ausging, war zugleich eine des Stils. Denn es repräsentierte, trotz unterschiedlicher Ausprägungen, im Prinzip einen Typus des Restaurants, der den Deutschen bislang fremd gewesen war.

Einer der auffälligsten Unterschiede bestand darin, dass ›beim Italiener‹ dem Service wesentlich größere Aufmerksamkeit geschenkt wurde,[16] was vor allem damit zu tun hatte, dass dort meist professionelles, männliches Langzeitpersonal beschäftigt war. Das begann bereits beim Betreten des Lokals: Man wurde empfangen, begrüßt und platziert. Letzteres war zwar in der DDR, nicht aber in der Bundesrepublik üblich und führte bei

Italienreisenden immer wieder zu argen wechselseitigen Verstimmungen, wenn die Gäste, wie in Deutschland gewohnt, ein Lokal betraten und sich dort einfach an irgendeinem freien Tisch niederließen.

Mit dekorativen Elementen wie Blumen, Plastikgebinden oder roten Kerzen auf den Tischen gingen italienische Wirte sparsam um. Dafür wurden, sobald man Platz genommen hatte, überzählige Gedecke sofort abgeräumt, schließlich sollte nicht der Eindruck entstehen, als würden noch andere Gäste erwartet. Außerdem wurde jeder Tisch, kaum dass ihn die Gäste verlassen hatten, sofort wieder neu eingedeckt. Rasch kamen Wasser und Brot auf den Tisch, Letzteres Teil des Gedecks und nicht (wie in Bayern und Österreich üblich) stückweise berechnet.

Eine gänzlich andere Rolle als in deutschen Gaststätten spielten die Kellner. Man konnte gemeinsam mit ihnen das Menü diskutieren und auswählen, sie kannten die Rezeptur der Gerichte und die Herkunft ihrer Ingredienzien. Die Speisekarte war demgegenüber oft nur ein Notbehelf. Und nach einer Kinderkarte fragte man vergeblich, schließlich sollten sich die Kleinen schon beizeiten an die gute Küche des Landes gewöhnen.

Ungewohnt war auch die Menüabfolge mit *Primo* und *Secondo.* Dabei konnte es in den achtziger Jahren einem Touristen, der in einem Restaurant in Rom nur ein *Primo* bestellen wollte, durchaus passieren, dass er höflich gebeten wurde, sich doch andernorts umzusehen. Inzwischen sind in beiden Ländern die Sitten flexibler geworden.

Ebenfalls neu war die getrennte Präsentation der Bestandteile eines Menüs. Beilagen waren gesondert zu wählen, kamen auf eigenen Tellern, Ausdruck des Respekts vor ihrer geschmacklichen Diversität. Problemlos konnten kleinere oder größere Portionen oder gar eine Zugabe erbeten werden. Oder ein nach Ansicht des Gastes nicht gelungenes Gericht zurückgegeben werden.

Anders als in deutschen Wirtschaften war auch der Umgang mit den Getränken. Wein wurde ausschließlich zum Essen getrunken und nicht anschließend noch munter weiter. Es führte manchmal zu Ärger, wenn der Kellner in Italien nach dem *Secondo* beim Abräumen des Geschirrs die noch viertelvolle Weinflasche mitnahm. Inzwischen kennen die Italiener ihre deutschen Gäste auch in dieser Beziehung besser.

Und dann der Kaffee am Ende, noch um Mitternacht der starke *Espresso*! Man hatte doch gelernt, dass man dann nicht schlafen kann. Und dass Kaffee und Kuchen zusammengehörten. Inzwischen ist als ›deutscher‹ Abschluss der *caffè lungo* in Mode gekommen.

Beim Bezahlen wurden die kulturellen Differenzen noch einmal besonders sichtbar. Dass die Rechnung als *conto unico* an den Tisch gebracht wurde, sorgte bei den Deutschen für Verwirrung. Bei den Kellnern hingegen, dass in Deutschland jeder für sich alleine bezahlen wollte.

Beim ›Lieblingsitaliener‹

Die wechselseitigen gastrokulturellen Fremdheiten und Irritationen wurden, sofern sie sich nicht ohnehin nach einiger Zeit abzuschleifen begannen, Teil jenes Mythos des *Ristorante Italiano*, in den eigene Urlaubserinnerungen und -sehnsüchte eingingen. In perfektem Zusammenspiel von Angebot und Nachfrage entstand, einen Steinwurf weit von der eigenen Haustür entfernt, ein ideell quasi extraterritorialer Ort, mit Umgangsformen, in denen die nördlichen Wunschvorstellungen von italienischer Lebensart temporär Gestalt annehmen konnten. Der inzwischen fast Duden-reife Begriff des

›Lieblingsitalieners‹ hat sich dafür eingebürgert. Und die »Bewirtung als ethnic performance« (Maren Möhring) hat nicht wenig zur Ausbreitung des fremden Geschmacks im Norden beigetragen.[17]

Die Inszenierungen des Italienischen begannen bereits mit der personalisierten Denomination der Lokale, die auf den Vornamen des Inhabers (›Da Mario‹) oder dessen verwandtschaftliche Verbindungen (›Zio Peppe‹) verwiesen. Begrüßung und Empfang vermittelten eine Atmosphäre von Familiarität, der Gast mochte sich als Mitglied einer vertrauten Gemeinschaft fühlen, ausgezeichnet durch kleine Gefälligkeiten, darunter nicht zuletzt der vom Wirt oder vom Kellner spendierte *Aperitivo* oder *Digestivo*.

Auch die Kommunikationsformen griffen Italienisches auf. Wirte und Kellner benutzten zur Freude ihrer Gäste bruchstückweise das Italienische, noch nach jahrzehntelangem Aufenthalt in Deutschland, vermittelten nicht selten als Personen eine gepflegte ›südländische‹ Aura. Die Gäste sprachen Wirt und Kellner mit Vornamen an, wurden aber ihrerseits mit *Signore* oder *Dottore* tituliert.

Und natürlich vermittelte die Inneneinrichtung mit Bildern, Arrangements, nationalen Emblemen und anderen italienischen Dekors das Lokal-Kolorit des farbigen Südens.

Mit Fug und Recht lässt sich sagen, dass die Institution *Ristorante Italiano* einen Beitrag nicht nur zur ideellen ›Italianisierung‹ der Deutschen, sondern auch zur sozialen ›Germanisierung‹ der Italiener geleistet hat. Sie stellen heute den größten Anteil an ausländischen Selbständigen in der Bundesrepublik dar.[18] Und sie gehören zu den gesellschaftlich angesehensten Ausländern in Deutschland. Ihre Integration war nicht zuletzt der *cucina italiana* zu verdanken, die sie fern ihrer Heimat vermittelten.

Von Spaghetti zu Spagetti
Die Italianisierung des Marktes

Der Markt und die Lebensmittelindustrie griffen die Tendenz der wachsenden Vorliebe für italienische Produkte auf und förderten sie kräftig. Zunächst waren seitens deutscher Hersteller Kompromisse zwischen Eigenem und Fremdem an der Tagesordnung. Bereits vor dem Krieg hatten süddeutsche Fabriken für ›Eierteigwaren‹ damit begonnen, die langen Maccaroni in ihr Sortiment aufzunehmen, als ›Eier-Maccaroni‹ dem deutschen Geschmack angepasst. 1958 kamen die Firmen ›Maggi‹ mit Ravioli aus der Dose und ›Drei Glokken‹ mit einer Nudelsoße im Glas auf den Markt.[19] 1961 folgte das Fertiggericht ›Miracoli‹, das zum Lieblingsessen ganzer Kindergenerationen und bis heute eines der erfolgreichsten Fertiggerichte überhaupt wurde.

Erst langsam kamen italienische Hersteller mit originalen Produkten zum Zug, zunächst vielfach mit Direktimporten und Vermarktung in kleinerem Stil, wie etwa den sich ausbreitenden *Alimentari*-Läden, schließlich mithilfe einer zunehmend expandierenden Lebensmittelindustrie, die inzwischen mit den unterschiedlichsten Produkten auf dem Markt präsent ist. Heute wird italienisches Essen längst nicht mehr nur im italienischen Restaurant angeboten, sondern ist Teil der allgemeinen kulinarischen Kultur im Norden geworden.

Reklamemarken Eier-Maccaroni, Süddeutschland, 1920er Jahre

Das hat sich sogar in der Sprache niedergeschlagen. Dass nach dem Englischen das Italienische die zweite alltagskulturelle ›Fremd‹-Sprache in Deutschland geworden ist, verdankt sich in erster Linie der *Cucina Italiana*. Heute gehören, wie ein Blick auf die neueste Ausgabe des Duden zeigt, Wörter wie *mozzarella, ravioli, lasagne, tiramisu, cappuccino* und viele andere zum deutschsprachigen Wortschatz, *Spaghetti* darf nach der Rechtschreibreform *Spagetti* geschrieben werden und ist damit sogar orthographisch eingedeutscht.

Simplizität und Diversität. Das soziokulturelle Erfolgsmodell des italienischen Geschmacks

Mit *Pizza & Pasta* hat die italienische Küche große Teile der westlichen Hemisphäre erobert, lokale Küchen zurückgedrängt und die Esskultur auf der Welt verändert. Gewiss spielten dabei die beschriebenen Begegnungen zwischen Norden und Süden eine wichtige Rolle: Arbeitsmigration auf der einen Seite, Italientourismus auf der anderen. Auch ohne die fortschreitende Industrialisierung und Globalisierung der Lebensmittelbranche wäre der Siegeszug der italienischen Küche nicht in diesem Maße möglich gewesen. Hinzu kommt aber noch etwas anderes: Die italienische Küche, zumindest in der Form, in der sie sich verbreitet hat, kommt gesellschaftlichen Entwicklungen entgegen, die zu einschneidenden Veränderungen der Esskultur in der Moderne geführt haben.

Erstens: Anders als die raffinierte französische oder die zeitaufwendige süddeutsch-alpenländische Küche gilt die italienische der verbreiteten Wahrnehmung nach als leicht zu handhaben. Das prädestiniert sie für den modernen kleinfamilialen oder Single-Haushalt und kommt einer Entwicklung entgegen, bei der für Zubereitung und Verzehr der täglichen Mahlzeiten im Haus ein immer geringeres Zeitbudget veranschlagt wird. Ein Titel wie *Italienische Blitzrezepte* (2011) bringt die Erwartungen auf den Punkt. Auch als Streetfood und Catering-Küche scheint Italienisches unschlagbar. *Pizza & Pasta* ist zur kulinarischen Ikone des modernen Lebensstils geworden.

Zweitens: Die italienische Küche gilt ferner als ›leichte‹, als gesunde Küche. In dieser Qualität korrespondiert sie perfekt mit der extrem gewachsenen Aufmerksamkeit für Fragen der Gesundheit und des Körpers und mit einer Einstellung, die Essen und Trinken immer weniger als Frage des Genusses denn unter dem Aspekt von Kalorien und Inhaltsstoffen begreift.

Drittens: Dennoch bleibt der italienischen Küche ein Hauch von Fremde und Exotik. Sie bietet in einer Gesellschaft mit wachsenden interkulturellen Verflechtungen, in der freie Zeit eine immer größere Rolle spielt, ein Experimentierfeld alternativer kulinarischer Erfahrungen – und dies auch in ihren komplizierteren Ausprägungen, wie die verbreiteten italienischen Kochbücher und ›Genuss-Magazine‹ mit ihren raffinierten Rezepten zeigen.

Viertens: Die italienische Küche ist außerdem bei Kindern sehr beliebt, voran die Pasta. Sie repräsentiert damit eine intergenerationelle Brücke, bringt kindheitsgeschichtlich größere Rücksichtnahme auf die Wünsche der Heranwachsenden zum Ausdruck.

1968 und die kulinarische Utopie der neuen Linken

Es ist ferner kein Zufall, dass die große Krise der Akzeptanz der heimischen Küche und die Hinwendung zu fremden Küchen (nicht nur der italienischen) in Deutschland in der Zeit der antiautoritären Protestbewegung der Endsechziger-Jahre begann. Anders als in der französischen und in der italienischen

Studentenbewegung kam in Deutschland mit der Alltagskultur auch die angestammte heimische Küche in Verruf. Mit ihrem Fetten, Schweren und Bodenständigen erschien sie der Protestgeneration als Teil deutscher Spießbürgerlichkeit und Borniertheit. »Messer, die auf Knochen stoßen/Und das Blubbern dicker Soßen …«: In Franz Josef Degenhardts Song ›Deutscher Sonntag‹ gehörte deutsches Essen zum Syndrom der gesättigten, reaktionären, kryptofaschistischen Nachkriegswirklichkeit.[20] Grund genug, an fremden Tafeln Besseres zu suchen, zumal wenn dort Politisches ins Spiel kam.

Zunächst trat die griechische Küche zur heimischen in Konkurrenz. Im ›Sorbas‹ zu sitzen und mit Jorgos oder Manolis über die Militärdiktatur in ihrer Heimat zu diskutieren, dazu die verbotenen Lieder von Theodorakis zu hören, war nach dem Putsch der Obristen 1967 geradezu ein Akt der kulinarischen Solidarität. Später leuchtete die politische wie kulinarische Utopie eines besseren Lebens im vertrauteren Süden auf, in Italien. »Was das Essen betrifft, ist Italien ein glückliches Land«, hieß es in einem der linksalternativen Italienführer (die übrigens zu den ersten gehörten, in denen Essen und Trinken eine gewichtige Rolle spielten). »Die Küche [in Italien] nimmt einen zu breiten Raum im alltäglichen Leben ein, um so lieblos behandelt zu werden wie bei uns […] Arbeiter haben schon gegen kurze Mittagspausen gestreikt, weil sie frische und ›al dente‹ gekochte Nudeln haben wollten«.[21] Dabei kamen, jenseits bloßer Gerichte und Rezepturen, die idealen Formen kulinarischer Geselligkeiten in den Blick, politische Feste und gemeinschaftliches Essen und Trinken in großen, nichtfamiliären Zusammenhängen. In diesem Sinn verknüpft der revolutionsskeptische Held in Peter Schneiders Erzählung *Lenz* auf seiner ›Flucht‹ nach Italien die Sympathien für Arbeiterklasse und kulinarische Genüsse.[22]

Die deutsche Küche hatte es demgegenüber schwer. Das erste linksalternative Kochbuch, *Schlaraffenland, nimms in die Hand* schießt immer wieder spitze Pfeile auf sie ab: »Die deutsche Soße ist keine Sauce, sie ist ein Magentöter«. »Deutscher Salat wird gewürgt und ersäuft«.[23] Das Buch gibt ausländischen kulinarischen Anregungen breiten Raum, darunter neben vietnamesischen und chinesischen Rezepten Gerichten der italienischen Küche, die für das Leben in Wohngemeinschaften geradezu prädestiniert schien: »Ein Vorrat von mehreren Packungen Spaghetti sollte immer vorhanden sein. Damit läßt sich jederzeit und auch für größere Mengen plötzlich auftauchender Gäste ein Leckermahl bereiten«. Und sogar die Pizza, damals durchaus noch nicht in aller Munde, kam zu ihrem Recht: »Selbst strengere Genossinnen legen beim Anblick dieser Speise etwas Lächeln auf«.[24] Polemisiert wurde zugleich gegen die kapitalistische Industrialisierung der Lebensmittelbranche, wie sie damals – schneller in Deutschland als in Italien – um sich griff, so Tiefkühlkost (»schmeckt grauenhaft«) und Essen aus der Dose (»durchaus verabscheuungswürdig«).[25]

Schlaraffenland, nimms in die Hand!
Linkskulinarischer Bestseller, 1975

Die Reserve gegenüber der ›deutschen‹ Küche (einer natürlich unzulässigen Generalisierung) hat das linke Milieu lange geprägt. Als 1988 der Europäische Gerichtshof den Vertrieb von Eiernudeln in Italien zuließ, polemisierte die *Tageszeitung*: »Italienreisende [...] müssen ab sofort damit rechnen, daß ihnen teutonische Nudelpampe untergeschoben wird«.[26]

Dass gerade die Generation der 68er der angestammten Küche mit Misstrauen begegnete, sie als Teil einer ungeliebten nationalen Identität betrachtete und sich daher lieber fremden Tischen zuwandte, hat sicherlich nicht wenig zum Erfolg der ausländischen Gastronomie, nicht nur der italienischen, beigetragen. In Italien war, selbst unter den Angehörigen der jüngeren Generationen, die Einstellung gegenüber der traditionellen heimischen Küche eine andere. Auch wenn Lokale mit ausländischer, etwa asiatischer, Küche in den letzten Jahrzehnten an Beliebtheit gewannen, vor allem in den Großstädten, hat es jugend- oder alltagskulturell doch nie eine ähnlich schroffe Infragestellung der eigenen Küche gegeben wie in Deutschland. Kein Wunder also, dass 1986 in Italien die Slow-Food-Bewegung entstand, die an die regionalen kulinarischen Traditionen des Landes anknüpfte. ›Terra Madre‹ wurde der bezeichnende Titel eines 2004 gegründeten Netzwerks regionaler gastrokultureller Initiativen. Während man in Deutschland noch immer mit fremden Küchen liebäugelt, hat Slow Food in Italien inzwischen breite Resonanz gefunden und sich über das kulinarische Programm hinaus zu einer einflussreichen ökologischen Bewegung entwickelt, die für Biodiversität und Nachhaltigkeit streitet; im Piemont gibt es sogar eine eigene gastrowissenschaftliche Universität, die ›Università di Scienze Gastronomiche‹.

Dieta mediterranea

Der Süden als Traum vom gesunden Leben

How to eat well and stay well

In der Geschichte der *Dieta Mediterranea*, der sogenannten Mittelmeerdiät, sollte eine Entwicklung kulminieren, bei der der fremde Geschmack – weit über Essen und Trinken hinaus – in vielen Teilen der westlichen Welt zum stilbildenden Ideal wurde: »Diät« nicht im Sinne der verengten Bedeutung des Begriffs als Technik der Gewichtsreduktion, sondern der Diätetik als dem umfassenden Ideal einer angemessenen Ernährung, ja Lebensweise überhaupt. Oder, mit dem Titel eines Buchs, in dem Ancel Keys, der ›Vater‹ der *Mediterranean Diet*, das Programm beschrieben hat: *how to eat well and stay well.*

Der amerikanische Ernährungswissenschaftler Ancel Keys, der während des Zweiten Weltkrieges im Auftrag des Militärs die sogenannte ›K-Ration‹ entwickelt hatte, eine hochkalorische Überlebensration für die Kampfeinsätze der US-Soldaten, wies 1951 im Rahmen einer Tagung der Food and Agriculture Organization (FAO) der Vereinten Nationen in Rom erstmals auf einen möglichen Zusammenhang zwischen einer bestimmten Ernährungsweise und der Verbreitung von Herz-Kreislauf-Erkrankungen hin.[1] Während eines Forschungsaufenthaltes an der Universität Neapel mit ersten Reihenuntersuchungen und Studien zu den Essgewohnheiten vor allem der lokalen Unterschichten verfestigte sich seine These: »Arme Neapolitaner essen gesünder als reiche Amerikaner«, eine These, die in der Zeit der Mangelernährung nach dem

Krieg eher verwirrend schien.[2] Die Ursache suchte Keys vor allem im Cholesterinwert der Speisen, »erfuhren wir doch, dass die einfachen Leute nur gelegentlich Fleisch konsumierten und so gut wie nie Butter und Milch«.[3]

Zusammen mit seiner Frau Margaret veröffentlichte Keys 1959 in den USA einen populären Ernährungsratgeber, der auf die negativen Auswirkungen einer ›ungesunden‹, vor allem fettreichen Ernährung aufmerksam machte.[4] Die deutsche Übersetzung 1961 unter dem Titel *Der gesunde Feinschmecker* fiel in eine Zeit, in der sich im Deutschland der frühen Wirtschaftswunder-Jahre mit ihren opulenten Essgewohnheiten und der steigenden Zahl von koronaren Herzerkrankungen (damals gern ›Managerkrankheit‹ genannt) die Erkenntnis durchsetzte, dass – wie der *Spiegel* zu Keys' Forschungen schrieb – »die Arteriosklerose eine Zivilisationskrankheit« und falscher Ernährung geschuldet sei.[5] Eine von Ancel Keys zusammen mit einer internationalen Forschergruppe durchgeführte und 1980 dokumentierte Studie in sieben Ländern sollte dann den Zusammenhang von Lebensstil, Ernährungsgewohnheiten, Rauchen und dem Risiko koronarer Herzkrankheiten (weltweit bis heute die häufigste Todesursache) wissenschaftlich untermauern. Demzufolge litten US-Amerikaner fast doppelt so häufig wie Italiener und fast viermal so häufig wie Griechen und Japaner an schweren kardiovaskulären Erkrankungen.[6]

Ancel Keys auf einem ›Time‹-Titel, 1961

Die Geburt der Mittelmeerdiät

Inzwischen hatte Ancel Keys seine These von einer ›gesunden‹ Lebensführung explizit auf den Begriff der *Mediterranean Diet* gebracht. Dabei bezog er neben den Ländern Italien und Griechenland der Sieben-Länder-Studie auch die südlichen Regionen Frankreichs und Spaniens ein. *The Mediterranean Way* lautete, durchaus ein wenig missionarisch, der Untertitel seines 1975 wiederum zusammen mit seiner Frau publizierten Buchs *How to eat well and stay well*. Ethnologisch wie geographisch durchaus nicht unproblematisch präsentierte er dort den gastronomischen Standard einer Mediterranée, die vor allem aus der Opposition gegenüber der US-amerikanischen, im weiteren Sinn der westlichen Küche Gestalt gewann. An erster Stelle der ›gesunden‹ mediterranen Ernährungsweise stand dabei für Keys das Olivenöl, dessen Siegeszug nach langer Diskreditierung im Norden jetzt beginnt. Hinzu kommen Brot, Früchte, Gemüse (darunter Knoblauch und Zwiebeln), Fisch, Meeresfrüchte und »der Wein bei Tisch«.[7] Auf der anderen Seite der Bilanz standen, wenngleich nicht rigoros verurteilt, vor allem Milchprodukte, Fleisch, tierische Fette, Eier und Bier.

Ancel Keys hatte zu dieser Zeit bereits, einer unter Wissenschaftlern nicht selbstverständlichen Konsequenz folgend, seinen Lebensmittelpunkt aus Minneapolis nach Süditalien verlegt und sich bei Pioppi an der Küste des Cilento niedergelassen, nur wenige Kilometer vom antiken Elea entfernt, wo, wie er gern in seine Veröffentlichungen einfließen ließ, vor zweieinhalbtausend Jahren der Philosoph Parmenides die erste Medizinschule in Europa gegründet habe.[8] Eine Gruppe gleichgesinnter Kollegen aus der *Seven countries study* tat es ihm gleich, sodass am Golf von Salerno eine kleine wissenschaftliche Gemeinde von internationalen

Ernährungsforschern (und aufmerksamen Essern) entstand.[9] Heute erinnert ein Museum in Pioppi und ein 2012 an der Universität Neapel gegründetes Forschungsinstitut zur Mittelmeerdiät an diese Tradition.[10]

Durch die Erfahrungen vor Ort hat Ancel Keys seinen Begriff der ›Mittelmeerdiät‹ mehr und mehr erweitert. Auch Anthropologen heben heute hervor, dass diese keineswegs nur einen alternativen Speiseplan darstelle. ›Mediterran‹ sei vielmehr ein ganzheitliches Konzept eines »klimatischen Habitats, das mit einem gemeinsamen kulturellen Erbe in ähnlichen Anbaumethoden, Gerichten und kulinarischen Techniken Gestalt gewinnt«.[11]

Von der Landschaft bis zur Tafel Die gastroökologische Utopie

Damit war der Weg vorgezeichnet, der 2010 zur Aufnahme der *Mediterranean Diet* in das UNESCO-Programm der Immateriellen Kulturgüter der Menschheit führte. Ancel Keys konnte sie nicht mehr persönlich erleben, er war im Alter von fast 101 Jahren gestorben, nachdem er kurz vor seinem Tod aus dem »*triangle of longlife*« (wie er den Küstenabschnitt im Cilento nannte) in die USA zurückgekehrt war. Der Antrag an die UNESCO war gemeinsam von den Ländern Spanien, Italien, Griechenland und Marokko gestellt worden, 2013 wurden Zypern, Kroatien und Portugal einbezogen.

Die Begründung der UNESCO stützte sich dabei – weit über ernährungsphysiologische Gesichtspunkte hinaus – auf einen idealen Stil des Wirtschaftens und des Lebens, der mit der mediterranen Ernährungsweise verbunden sei. »Mediterrane Diät umfasst eine Reihe von Fertigkeiten, Kenntnissen, Praktiken und Traditionen, die von der Landschaft bis zur Tafel reichen«, heißt es dort. Dazu zähle der Umgang mit den Nahrungsmitteln von der Gewinnung über ihre Verarbeitung bis zu ihrer Zubereitung und ihrem Verzehr. »Das System basiert auf dem Respekt vor Territorium und biologischer Vielfalt und sichert die Erhaltung und Entwicklung traditioneller Aktivitäten und Gewerke in Fischerei und Landwirtschaft«. Was das »Ernährungsmodell« (*nutrition model*) im engeren Sinne betreffe, so gehörten dazu nicht nur die physiologisch relevanten Ingredienzien der mediterranen Küche wie Olivenöl, Cerealien, Gemüse, Fisch, Wein et cetera; eine besondere Bedeutung komme im Süden dem »Essen in Gemeinschaft« (*communal meals*) als »Eckstein« sozialer Interaktion zu.[12] Das Letztere formuliert ein neapolitanisches Sprichwort auf seine Weise: *Chi magna sulo, s'affoca*, »Wer alleine isst, verschluckt sich«.

In sehr viel schlichterer Weise machte der Begriff der Mittelmeerdiät in der Öffentlichkeit Karriere. Seit den frühen 1990er Jahren wurde er in zunehmend undeutlicherer Verwendung zu einer gastronomischen Rezeptur gegen ganz unterschiedliche Beschwerden. Studien wollten nachgewiesen haben, dass die Befolgung eines entsprechenden Speiseplans vor Krankheiten wie Diabetes, Krebs, Alzheimer und Demenz schütze. Vergleichende Statistiken zitierten die höhere Lebenserwartung der Menschen in den Ländern der Mediterranée, vor allem in Spanien und Italien. Immer neue populäre Veröffentlichungen empfahlen ›Mittelmeerkost‹ als ›Schlankmacher‹ und ›Wohlfühlfaktor‹. Der Begriff ist zu einer Zauberformel geworden in einer Zeit, in der die ängstliche Sorge um den eigenen Körper eine immer größere Rolle spielt.

Dabei wollte die UNESCO mit ihrer Entscheidung eine andere Richtung weisen. Formuliert wurde nicht weniger als eine umfassende gastroökologische Utopie eines vernünftigen, nachhaltigen Umgangs mit den

Ressourcen. Und dies mit deutlicher Kritik an der durch Industrialisierung, Verschwendung, Sorglosigkeit und Egoismus geprägten kulinarischen Kultur der Moderne. In diesem Sinne ist *Dieta Mediterranea* in Italien selber bereits zu einem Leitbegriff von Umweltpolitik und kultureller Identität geworden.[13] Eine an ihr orientierte Lebensweise diene der Förderung regionaler Anbaumethoden und Vertriebswege, führe zur Wiederentdeckung vergessener handwerklicher Traditionen, lenke den Blick auf den Schutz und die Pflege der gefährdeten Landschaft und unterstütze einen umweltfreundlichen Tourismus. Und lasse im Übrigen wahr werden, was früher auf dem Land vor mancher italienischen Wirtshaustür in einfachen Worten zu lesen war: *Qui si mangia bene*, »Hier isst man gut«.

Es ist nicht weniger als die alte Menschheits-Utopie des guten Lebens, die sich an die Idee des Mediterranen knüpft. Und die heute heller denn je aus dem Süden leuchtet, der Wiege der europäischen Kultur am Mittelmeer.

Anmerkungen

Widriges Olivenöl

1 Peter Sirius [d.i. Otto Kimmig], *Kennst du das Land?*, 1897, X f. Zu Otto Kimmig (Waldshut 1858 – Konstanz 1913) vgl. C. Schuchhardt, *Leben*, 1944, 52–57.
2 F. Rückert, *Gedichte*, 2000, 212 f. u. 217.
3 J. König/C. F. v. Rumohr, *Kochkunst*, 1832, 41. Vgl. dort auch S. 43. Ähnliche Klagen u. a. auch bei G. Nicolai, *Italien*, I, 1835, 185; J. V. Widmann, *Rector Müslin*, 1881, 53; J. Stinde, *Buchholzens*, 1890, 51.
4 W. Pieper, *Briefe*, 1882, 47.
5 A. Zacher, *Assemacher*, 1902, 312.
6 V. Hehn, *Italien*, 1912, 251. Dass es umgekehrt den Italienern in Deutschland ganz ähnlich mit der Butter ergehe (»nur Butter und wieder Butter«), heißt es im Folgenden (S. 279).
7 Zit. nach J. Black, *Grand Tour*, 2003, 76 f.
8 A. Miller, *Letters*, 1777, I, 161, 237, 240; II, 21 f.
9 J. Hartig, *Klaus Groth*, 1996, 55.
10 C. W. Allers, *Gästebuch*, 2011, 207, 251, 275.
11 *Italienische Reise*, Neapel, 27.2.1787, (I, 201).
12 *Tagebücher*, 2010, 178 ff.
13 F. Münter, *Tagebücher*, II, 1937, 5. Münter schiebt die Krankheit auf die Sümpfe und die Mücken, die in den Körper eindrängen.
14 E. Förster, *Handbuch*, 1848, 64.
15 G. Tomasi di Lampedusa, *Gattopardo*, 1976, 219.
16 *Bologna la grassa* war das standardisierte Attribut der Stadt im Reigen der anderen großen Städte Italiens.
17 M. Montanari, *Hunger*, 1999, 132.
18 In Margrit Diethelms verbreitetem Kochbuch *Mit Tomaten und Parmesan. Hundert italienische Rezepte für jedermanns Küche* (München 1950) heißt es noch in der Ausgabe von 1962: »Das Vorurteil vieler Menschen gegen die italienische Küche hängt wohl zum größten Teil mit ihrem Widerwillen gegen das Kochen mit Öl zusammen« (S. 7).
19 A. Stahr/F. Lewald, *Winter*, 1871, 174. Der »Haushalts- und Küchenbrief« (dort S. 165) ist adressiert an die junge Schriftstellerin und Übersetzerin Helene Lobedan (Naumburg 1839 – Berlin 1915).
20 G. Nicolai, *Italien*, I, 1835, 246 u. 279.
21 J. G. Seume, *Spaziergang*, 1985, 188.
22 C. F. Benkowitz, *Kabinet*, 1804, 95.
23 V. Gleijeses, *Feste*, 1977, 259.
24 R. K. Craven, *A Tour*, 1821, 381.
25 J. Murray, *Southern Italy*, 1878, 78; Baedeker, *Unter-Italien*, 1880, XXII. (So auch in den folgenden Auflagen.)
26 C. F. Benkowitz, *Kabinet*, 1804, 95.
27 A. Curtius, *Italien*, 1910, 120.
28 Das Appellativ galt zunächst den Sizilianern, ging dann im 17. Jh. auf die Neapolitaner über, wo erstmals die Pasta die Hauptrolle im Ernährungssystem übernahm (M. Montanari, *Spaghetti*, 2020, 38).
29 W. Roßmann, *Vom Gestade*, 1869, 203.
30 F. de Bourcard, *Usi*, 1955, 679 f.
31 A. Stahr, *Ein Jahr*, I, 1863, 210.
32 ASN Affari Esteri 916, 21.5.1754 (Polonia 1747–1788).
33 P. Artusi, *Scienza*, 2017, 79 (Nr. 84).
34 Der Begriff ist relativ jungen Ursprungs und soll erstmals in A. Vivianis Werk *Li maccheroni di Napoli* (1824) auftauchen. Vgl. auch M. Montanari, *Spaghetti*, 2020, 46.
35 G. Conti: ›Dal Risorgimento la nascita della cucina italiana‹, in: *Civiltà della tavola*, Oktober 2019, 18–19, hier 18.
36 A. Kellner, *Alltägliches*, 1898, 49.
37 Ebd., 188.
38 L. E. Grimm, *Erinnerungen*, 1913, 261 u. 259.
39 Baedeker, *Italien*, III: *Unter-Italien*, 1880, XXII.

40 P. Erhart/L. Collarile, *Itinera II*, 2016, 105.
41 F. Greogorovius, *Siciliana*, 1872, 19 f.
42 A. Kellner, *Alltägliches*, 1898, 40 f.
43 A. Dumas, *Impressions*, 1897, 96.
44 C. Collodi, *Viaggio*, III, 1891, 25.
45 *Pizza alla napoletana* kommt dort zwar als Rezept vor (Nr. 609), gemeint ist damit aber ein süßes Blätterteiggebäck (*pastafrolla*). P. Artusi, *Scienza*, 2017, 324.
46 C. F. Benkowitz, *Kabinet*, 1804, IV, III.

Auf der Straße

1 *Breve descrizione*, 1792, Appendice, 9, 18.
2 Vgl. D. Richter, *Neapel*, 2005, 81–90; K. Kufeke, *Himmel und Hölle*, 1999, 202 ff.
3 S. Sharp, *Letters*, 1766, 99.
4 Brief vom 11.6.1827 an Fritz von Fugger, in *Briefwechsel*, IV, 1973, 291.
5 M. Niola, *Sui palchi*, 1995, 6.
6 *Italienische Reise*, Neapel, 28.5.1787 (I, 360).
7 *Italienische Reise*, Neapel, 29.5.1787 (I, 363).
8 Ebd. (I, 364).
9 D. Richter, *Schlaraffenland*, 1995, 79–86.
10 G. Oheim, *Einmaleins*, 1958, 313.
11 ›Die neapolitanischen Maccaroniesser‹, in: *Das Pfennig-Magazin für Verbreitung gemeinnütziger Kenntnisse*, Nr. 38, vom 18.1.1834, S. 298.
12 M. Blessington, *Idler*, II, 1839, 69.
13 M. Serao, *Ventre*, 2016, 49 f.
14 F. de Bourcard, *Usi*, 1955, 682–685, ferner M. Serao, *Ventre*, 2016, 50.
15 M. Serao, *Ventre*, 2016, 48 f.
16 G. Marotta, *Gold*, 1958, 79 (›Leute in der Gasse‹).
17 M. Serao, *Ventre*, 2016, 47 f.; F. de Bourcard, *Usi*, 1955, 751–756. Abbildung *'O pizzaiuolo*, historische Bildpostkarte, Neapel, E. Ragozino Ed., vor 1900.
18 G. Basile, *Märchen*, 2000, 247 u. 266.
19 In der Goethezeit bezifferte man ihre Zahl auf rund 40.000 (J. G. Volkmann, *Nachrichten*, III, 1778, 159).
20 M. Serao, *Ventre*, 2016, 50 u. 45 (»Wäscherinnen, Friseusinnen, Büglerinnen«). Der Soldo war eine Kupfermünze von 5 Centesimi.
21 *Italienische Reise*, Neapel, 29.5.1787 (I, 365).
22 F. de Bourcard, *Usi*, 1955, 409–411.
23 F. Gregorovius, *Siciliana*, 1872, 5.
24 F. de Bourcard, *Usi*, 1955, 405 f. – Die Sitte hat sich bis nach dem Zweiten Weltkrieg erhalten.
25 F. Förster, *Briefe*, 1831, 228 f.
26 J.M. Galanti, *Beschreibung*, II, 1790, 309 f. Galanti nennt die Menge von 280.000 *cantari*, ein *cantaro* entsprach ca. 90 kg. – Ein Augenzeugenbericht über den Transport bei K.A. Mayer, *Neapel*, I, 1840, 225 f.
27 J. Addison, *Anmerkungen*, 1752, 197. Ähnlich K.A. Meyer, *Neapel*, I, 1840, 226.
28 Galanti (*Beschreibung*, II, 1790, 310) gibt als offiziellen Händlerpreis für ein *rotolo* (= 0,89 kg) Schnee 3 *grani* an.
29 J. W. Goethe, *Italienische Reise*, Zweiter römischer Aufenthalt (I, 385).
30 Als Grundsubstanz wurde Saft oder Mus unterschiedlicher Früchte benutzt. Durch Zugabe von Salz zum Schnee wurde das Verfahren effektiver.
31 F. de Bourcard, *Usi*, 1955, 397–405 (Zitat 404 f.); V. Gleijeses, *Feste*, 1977, 259 f.
32 F. de Bourcard, *Usi*, 1955, 401; K.A. Mayer, *Neapel*, I, 1840, 227.
33 A. Dumas, *Impressions*, 1897, 97.
34 F. Förster, *Briefe*, 1831, 229.
35 A. v. Goethe, *Reise*, 1999, 168 (aus Herculaneum, Orthographie modernisiert).

Auf der Suche

1 Brief an Francke, Rom, 7.12.1755, in: *Briefe*, I, 1952, 190.
2 *Paradisus Deliciarum*, 1657, 120 ff.

3 A. u. D. Esch: ›Italien von unten erlebt‹, in: A. Esch/J. Petersen (Hrsg.), *Ottocento*, 2000, 287 ff.; D. Richter, *Neapel*, 2005, 197–201.
4 F. Noack: ›Aus Goethes römischem Kreise‹, in: *Goethe Jahrbuch 25* (1904), 187–189.
5 »Man hat hier viel National Gast Häuser, wo die Fremden sich ein zu logiren pflegen« (*Paradisus Deliciarum*, 1657, 321).
6 Vgl. Kapitel I.
7 F. Noack, *Deutsches Leben*, 1907, 94. Franz Rösler starb 1765, auf ihn folgte sein Sohn Vincenzo (gest. 1793). Auch der englische Führer von Jousiffe empfiehlt den Gasthof von »Mr. Franz« (*A Road Book*, 1840, 73 f.).
8 F. Münter, *Tagebücher*, II, 1937, 216; ähnlich J. Führich, *Briefe*, 1883, 4; K. Ph. Moritz, *Reisen*, 1973, 41.
9 K. Ph. Moritz, *Reisen*, 1973, 30.
10 W. Müller, *Rom*, 1983, 240.
11 R. Zapperi, *Inkognito*, 1999, 144–153.
12 A. Stahr/F. Lewald, *Winter*, 1871, 169. Auch der Baedeker (*Mittelitalien*, 1874, 78) empfiehlt den ›Carlin‹ (»von Deutschen viel besucht«).
13 H. Allmers, *Schlendertage*, 1904, 30 f.
14 Hinweise auf diese und andere deutsche Lokalitäten in Rom bei H. Barth, *Osteria*, 1908, 112, 114, 130 u. a.
15 A. v. Goethe, *Reise*, 1999, 164.
16 P.-K. Schuster, *Blechen*, 1990, 294; W. Waiblinger, *Werke*, V, 1, 494 u. 495.
17 D. Richter, *Neapel*, 2005, 220 f.
18 D. Richter, *Fontane*, 2019, 39; zum Lokal vgl. H. Barth, *Osteria*, 1908, 116 f. u. Anzeige.
19 J. Murray, *Central Italy*, I, 1853, 176, 257.
20 J. Murray, *Central Italy*, I, 1853, 25, 233; *Northern Italy*, 1852, 454.
21 J. Murray, *Northern Italy*, 1852, 85 (Genua); *Southern Italy*, 1878, 76 (Neapel).
22 J. Murray, *Central Italy*, I, 1853, 9.
23 J. Murray, *Southern Italy*, 1865, XLIV.
24 J. Murray, *Northern Italy*, 1852, XVI.
25 C. Dickens, *Bilder*, 1981, 184 f.
26 Massimo Montanari macht darauf aufmerksam, dass rund ein Drittel der Tage des Jahres unter das katholische Fastengebot fielen (*Hunger*, 1999, 140). Zum unterschiedlichen Fleischkonsum dort auch S. 132–136.
27 P. Beckford, *Letters*, II, 1805, 41. Generelle Kritik am Essen in der Toskana ebd., 6 f.
28 A. Miller, *Letters*, II, 1777, 20.
29 F. Noack, *Deutsches Leben*, 1907.
30 C. L. Fernow an Carl Leonhard Reinhold, 18.7.1796, in: L. Gerhardt, *Fernow*, 1908, 89. Ganz ähnlich J. Führich, *Briefe*, 1883, 18.
31 W. Waiblinger, *Werke*, III, 1986, 501–506.
32 »Sono prussiano«, ich bin Preuße, stellte sich der Maler Johann Christian Reinhart vor, als er einmal in einer internationalen Abendgesellschaft nach seinem Vaterland (*patria*) gefragt wurde (D. Richter, *Reinhart*, 2010, 91 f.).
33 Franz Ludwig Catel: *Kronprinz Ludwig von Bayern in der Spanischen Weinschänke zu Rom*, 1824 (München, Neue Pinakothek).
34 Vgl. auch G. Maurer, *Preußen*, 2005, 85–89.
35 L. Richter, *Lebenserinnerungen*, 1909, 150.
36 Rom, BH, Nachlass Deutscher Künstlerverein 1/1, Korrespondenz 1845–1850; F. Noack, *Deutsches Leben*, 1907, 286 f.

Annäherungen

1 Auch die Wirte hatten ein Interesse daran, dass der Übernachtungsgast im Hotel speise, machten es oft geradezu zur Pflicht (Baedeker, *Unter-Italien*, 1880, XX).
2 H. A. O. Reichard, *Handbuch*, 1793, 5.
3 E. Vigée-Lebrun, *Erinnerungen*, I, 1912, 175.
4 E. Förster, *Handbuch*, 1848, 16 f.
5 Erinnert sei an seine Beobachtungen zur Polenta in Oberitalien (*Italienische Reise*, 14.9.1786), zu den »unendlichen Seeprodukten« auf dem Fischmarkt

in Venedig (8.10.1786), zu den Auslagen der »Eßwaren« in Neapel (29.5.1787) oder zur Herstellung von – vermutlich – *fusilli* in Agrigent (24.4.1787).

6 *Italienische Reise*, 26.4., 30.4. und 2.5.1787.

7 A. v. Knigge, *Umgang*, 1977, 271 f.

8 J. C. Goethe, *Reise*, 1986, 107.

9 M. Shelley, *Streifzüge*, I, 2017, 118 (Mailand, 23.9.1840).

10 Th. Fontane, *Stechlin*, Kap. 20. Der Begriff »Gabelfrühstück« war bis in die Zeit nach dem Zweiten Weltkrieg gebräuchlich (*Baedekers Autoreiseführer*, 1962, 45). Noch heute erinnert der Begriff *prima colazione* daran, dass es einmal auch eine *seconda* gegeben hat.

11 W. Müller, *Rom*, 1983, 243 (»um zwei Uhr und um fünf Uhr« Wirtstafel); K. Baedeker, *Italien*, 1931, XX (»zwischen 6 1/2 und 8 1/2 Uhr«). Die Zeit für die Abendmahlzeit scheint sich zunehmend in den Abend hinein verschoben zu haben.

12 J. Murray, *Southern Italy*, 1865, XLIV.

13 J. V. Widmann, *Calabrien*, 1904, 102, 141.

14 H. R. Brückmann, *Italianissima*, 1954, 172.

15 Vgl. auch A. Wierlacher (Hrsg.), *Kulinaristik*, 2018.

16 P. Artusi, *Scienza*, 2017, 16.

17 J. Murray, *Southern Italy*, 1865, 76; E. Förster, *Handbuch*, 1848, 13; Th. Gsell Fels, *Unter-Italien*, 1889, 5.

18 J. Black, *Grand Tour*, 2003, 76.

19 K. Baedeker, *Italien*, 1931, XXI; ders., *Unteritalien*, 1936, XXIV.

20 I. v. Hahn-Hahn, *Jenseits*, 1845, 150.

21 M. de Montaigne, *Tagebuch*, 2002, 144; F. Lewald, *Tagebuch*, 1927, 87.

22 Der Schriftsteller Richard Voß berichtet, dass es dabei immer Streit um das Geld gab, was ihn schließlich veranlasst habe, selber zu kochen (R. Voß, *Italien*, 1910, 36).

23 J. Führich, *Briefe*, 1883, 8. Nach Kaufkraft entsprechend etwa 170 Euro.

24 J.W. v. Goethe, *Briefe*, 1991, 152 (1.11.1786).

25 Weimar, GSA 25/XXVII, N, 4 (Zeitraum 1.6.1787–19.4.1788). Zum Verfahren vgl. R. Zapperi, *Inkognito*, 1999, 111–113.

26 Weimar, GSA 25/XXVII, N, 1, 3 u. 4 (Ausgaben in Torbole, Malcesine, Verona und Venedig für *frutta*, u.a. Feigen, Birnen, Weintrauben); ferner Tagebuch Torbole, 12.9.1786 (»Mein eigentlich Wohlleben ist aber in Früchten«).

27 Weimar, GSA 25/XXVII, N, 4: *pera Spadone per il Signor Cavaliere*, ebd., 12 (20.9.1787 u. a.). »Signor Cavaliere« ist die Bezeichnung für Goethe.

28 *vino di Firenza* (22.9.); *un fiascho di vino di Chianti (15.11.1787)*, ebd., 18.

29 *formagio Sbrinzo*, ebd., 19 (18.–22.11.1787 zum Abendessen).

30 Dass Butter zum Anbraten verwendet wurde, zeigt z. B. der Posten *per il buttiro e la carne al tegame*, ebd., 18 (12.11.1787).

31 Am 13.1.1788 sind *alice* (Sardellen) beim Abendessen erwähnt (25).

32 Weimar, GSA 25/XXVII, N, 4, 34 (25. u. 27.2.1787); ebd., 35 (29.2.1787).

33 *per merluzo/per ova e bottiro per il suddetto*, ebd., 35 (29.2.1787).

34 Rom, ADV, S. Maria del Popolo, 1787, 97.

35 Rom, ADV, S. Maria del Popolo, 1788, 97: *Carlo Pieck qm Federico Palatino, servitore, 28* [anni].

36 Weimar, GSA 25/XXVII, N, 4, 30 (8.2.1787 u. a.).

37 *Tagebuch*, 30.10.1786, in: *Italienische Reise*, I, 1993, 744.

38 A. Stahr/F. Lewald, *Winter*, 1871, 172.

39 K. Baedeker, *Unter-Italien*, 1880, XXI. Die »besseren« könnten auch von Damen besucht werden, heißt es später in K. Baedeker, *Italien*, 1908, 19.

40 K. Baedeker, *Unter-Italien*, 1895, XIX.

41 J. Murray, *Southern Italy*, 1865, 75; 1878, 78.

42 V. Hehn, *Italien*, 1912, 253; ähnlich R. Schramm, *Skizzen*, 1881, 145.

43 A. Stahr/F. Lewald, *Winter*, 1871, 168–174.

44 W. Müller, *Rom*, 1983, 243.

45 A. Stahr, *Ein Jahr*, 1863, 179.

46 R. Schramm, *Skizzen*, 1881, 151.

47 A. Stahr, *Ein Jahr*, 1863, 166; K.Ph. Moritz, *Reisen*, 1973, 41; F. Noack, *Deutsches Leben*, 1907, 94 f. u. 365. Der ältere Name des Lokals lautete ›Barcaccia‹.

48 TRATTORIA/ DETTA DEL LEPRE IN VIA CONDOTTI NUM. 9 e 10/ LISTA GIORNALIERA DELLE PIETANZE E PREZZO DI OGNI PORZIONE. Format

44 x 57, 5 cm, 8 Spalten (Bremen, StA 2 ad B.12.c.1.b). Julius Aselmeyer (1824 bis 1903) stammt von einem im 18. Jh. nach Neapel ausgewanderten Sachsen ab; er war dort Bankier und Mitinhaber verschiedener Textilunternehmen, Präsident der Deutschen Evangelischen Gemeinde und von 1853–1867 Konsul der Freien Hansestadt Bremen.

49 Ferner u. a. *Maccaroni alla napolitana, Zuppa alla Napolitana, Gnocchi alla Veneziana.*

50 »Am Sauerkraut findet man viel Geschmack«, hatte Karl Philipp Moritz bereits zwei Generationen früher bemerkt (*Reisen*, 1973, 42).

51 Ebd., 41.

52 Die Möglichkeit der kleineren Portionen bemerkt dankbar bereits der arme Karl Philipp Moritz (ebd., 41).

53 F. Rumohr, *Kochkunst*, 1978, 65 f.

54 P. Artusi, *Scienza*, 2017, 167 (Nr. 280); M. Barthell, *Italien*, 1952, 35. Vgl. auch P. Peter, *Italienische Küche*, 2006, 118.

55 Art. ›Vogelfang‹ in *Brockhaus Konversationslexikon*, 14. Aufl., Berlin u. Wien, Bd. 16, 1894, 373 (»Nachstellungswut der südlichen Völker«); A. Curtius, *Erinnerungen*, 1910, 11 (»italienischer Raubmord an unseren Singvögeln«).

56 K. Baedeker, *Unter-Italien*, 1895, XXI.

57 F. de Bourcard, *Usi*, 1955, 671–691.

58 E. Scarpellini, *A tavola*, 2012, 222.

59 V. v. Bonstetten, *Schriften*, I/1, 2008, 233–235; V. Hehn, *Italien*, 1912, 251 f. (»nicht trinkbar« für den deutschen Geschmack).

60 J. Murray, *Northern Italy*, 1852, XVI. Über die geringe Haltbarkeit des toskanischen Weins (höchstens 18 Monate) klagt Peter Beckford, *Letters*, 1805, 66.

61 *Italienische Reise*, Alcamo, 18.4.1787 (I, 286)

62 W. Müller, *Werke*, III, 1994, 250 f.; H. Allmers, *Schlendertage*, 1904, 125–127; F. Förster, *Briefe*, 1831, 460–463; E. Förster, *Handbuch*, 1848, 410; K. Baedeker, *Italien*, 1874, 79; Albert Zacher: *Römisches Volksleben der Gegenwart*, Stuttgart 1910, 70 f.; vgl. F. Noack, *Deutsches Leben*, 1907, 369; R. Zapperi, *Inkognito*, 1999, 135 f. Die Tafel Ludwigs I. befindet sich heute zusammen mit einer anderen, jüngeren, im Keller der ›Taverna degli amici‹ an der Piazza Margana.

63 W. Waiblinger, *Werke*, III, 1986, 497–501.

64 D. Richter, *Reinhart*, 2010, 84 f.; W. Waiblinger, in: *Werke*, II, 1981, 473 u. 817; H. Barth, *Osteria*, 1908, 121, 127.

65 W. Waiblinger, Elegie ›Deutscher Künstler in Rom‹, in: *Werke*, I, 1980, 234.

66 H. Barth, *Osteria*, 1908, 47 u. 209.

67 K. Baedeker, *Italien*, 1908, X (»In allen größeren Städten findet man Gasthöfe mit deutsch sprechenden Bediensteten«).

68 Werbeanzeigen im Anhang von H. Barth, *Osteria*, 1908; D. Richter, *Capri*, 2018, 35.

69 H. Barth, *Est*, 1900; ders., *Osteria*, 1908; J. M. Wiesel, *Osterienbuch*, 1937.

70 Gästebuch ›Zum Kater Hiddigeigei‹, Nr. III, Zeitraum 1895 bis 1919 (Hotel Quisisana). Zum ›Hiddigeigei‹ D. Richter, *Capri*, 2018, 99–101.

Die Goldfrüchte

1 Leonard Sciascia: *Der Tag der Eule*, Berlin 2019, 133 f.

2 G. B. Ferrari, *Hesperides*, 1646, 48–50 (= Kap. X).

3 J. C. Volkamer, *Hesperides*, 1708, Erklärung des Titul-Kupffers.

4 Ebd., 105.

5 Ebd., 105.

6 Vgl. den Ausstellungskatalog *Die Frucht der Verheißung. Zitrusfrüchte in Kunst und Kultur* (Nürnberg, Germanisches Nationalmuseum 2011).

7 Der Etrog (= Cedro, Zitronatzitrone) gehört zum Sukkoth, dem jüdischen Laubhüttenfest. Eine *interpretatio mystica* der »süßen Bitterkeit« der *melarancia* ist Thema eines Briefs von Caterina von Siena an Papst Urban VI. von 1378 (*Sämtliche Briefe*, II: *An die Männer der Kirche* I, Kleinhain 2005, Nr. 346).

8 R. Beck, ›Lemonihändler‹, 2004, 101.

9 ›Zum Arabischen Coffe Baum‹ hieß das älteste deutsche Kaffeehaus in Leipzig, und »Türkentrank« ist der Kaffee im bekannten Kinderlied.

10 J. C. Volkamer, *Hesperides*, 1708, 131.
11 Zum Folgenden vgl. J. Augel, *Einwanderung*, 1971, 192–210 u. a.; R. Beck, ›Lemonihändler‹, 2004; J. Pommeranz, ›Anfänge‹, 2011.
12 J. Augel, *Einwanderung*, 1971, 170, 187; R. Beck, ›Lemonihändler‹, 2004, 107.
13 R. Massin, *Händlerrufe*, 1978, 41 (Paris, 1640), 169 (London, 17. Jh.), 208 f. (Nürnberg 1798); ferner J. Pommeranz, ›Anfänge‹, 2011, 305.
14 *Fulda – Das Stadtlexikon*, hrsg. v. Thomas Heiler u. Klaus H. Ort, Fulda 2019, 539. Zu ähnlichen Straßennamen vgl. R. Beck, ›Lemonihändler‹, 2004, 97.
15 J. Augel, *Einwanderung*, 1971, 188.
16 Ebd., 196 f., 208 f. (Großfamilien); R. Beck, ›Lemonihändler‹, 2004, 111; A. Engelmann, ›Brentano‹, 1992, 23 f.
17 F. Nicolai, *Beschreibung*, 1769, 435 (»Italiänerwaren«); später befand sich die Lokalität an der Ecke Unter den Linden/Charlottenstraße (*Adressbuch*, 1824).
18 H.-P. Baum, ›Südwarenangebot‹, 2004, 445 f.
19 Der Begriff ›welsche Früchte‹ umfasst in den kaiserlichen Zollordnungen Früchte »als Citronen, Granatäpfel, Limonien, Margaranten [= Granatäpfel], Orangen, Pomeranzen, Quitten« (so Zollordnung und Tarif, Wien, 1766).
20 B. H. Brockes, *Irdisches Vergnügen*, 1748, 192.
21 J. C. Volkamer, *Hesperides*, 1708, 112.
22 Ebd., 129.
23 Ebd. 180; ausführlich zur Verwendung von Zitronen auch J. G. Krünitz, *Encyclopädie*, 1776, 158–180.
24 Sabina Welser: *Das Kochbuch*, hrsg. v. Hugo Stopp, Heidelberg 1980, Nr. 184. Ein süßes Rezept mit eingekochten Pomeranzenschalen Nr. 92. Auch bei M. S. Schellhammer, *Kochbuch*, 1723, 39 f., 194, 231 u. a. wird immer wieder mit den Schalen gearbeitet.
25 M. S. Schellhammer, *Kochbuch*, 1723, 504 f.
26 Ebd., 291, 340.
27 Zedler, *Universal-Lexikon*, 1745, Bd. 28, Sp. 1362 (Stichwort Pomeranze).
28 Zedler, *Universal-Lexikon*, 1745, Bd. 28, Sp. 1363 (»In Ober-Deutschland haben sich diesen Handel allein die Italiäner zugeeignet«); J. C. Volkamer, *Hesperides*, 1708, 185 (»Aranzo da Sina«).
29 »Apfelsina sind die süßen/Eigentlich allein genannt«, heißt es bei Brockes (*Vergnügen*, 1748, 188); die klassische Orange (ital. *melarancia*) changierte in der Geschmackswahrnehmung zwischen bitter und süß.
30 J.G. Krünitz, *Encyclopädie*, 1776, 153 f.
31 J. Beckmann, *Waarenkunde*, 1794, 540.
32 Zu den Importen ebd., 565 ff. Rainer Beck rechnet aus zeitgenössischen Angaben die Zahl von 20 Millionen Zitrusfrüchten um, die im Jahr 1791 allein im Hamburger Hafen umgeschlagen wurden (›Lemonihändler‹, 2004, 121).
33 Neapel, ASN, Ministero degli Affari Interni, Appendice II, 1398/1: Prezzo-corrente de' principali prodotti del Regno delle Due Sicilie in Amburgo e Brema, Amburgo, 6.3.1849. Die Liste wurde nach Vordruck von Joachim David Hinsch erstellt, dem Hamburger Konsul des Königreichs Beider Sizilien. Vgl. *Le rotte*, 2016, 72.
34 Vgl. Dirik v. Oettingen: *Verhüllt um zu verführen. Die Welt auf der Orange*, Potsdam 2007. Zum Orangenpapiermuseum Salzgitter vgl. www.opiummuseum.de.
35 2018 wurden 141.000 Tonnen Zitronen aus Spanien, 16.000 Tonnen aus Italien eingeführt. Nach www.statista.com (2.7.2020).
36 H.-P. Baum, ›Südwarenangebot‹, 2004, 447.
37 Zedler, *Universal-Lexikon*, 1745, Bd. 6, Sp. 181.
38 J. G. Krünitz, *Encyclopädie*, 1776, 161 f.
39 Vgl. G. Gropp, ›Handel‹, 2011, 343–347.
40 Zum Folgenden vgl. U. Steinmetz: ›Der Limoncello, Geschichte eines neapolitanischen Likörs‹, in: D. Richter (Hrsg.), *Fremdenverkehr*, 1999, 170–178.
41 Der Capreser Hersteller Massimo Canale hatte sich den Namen 1988 als *marchio registrato* patentieren lassen, scheiterte damit jedoch vor Gericht. Vgl. ›Cassazione sentenzia: Il limoncello è di tutti‹, in: *La Repubblica*, 11.11.2000.
42 Die fünf in Deutschland meistverkauften Marken kommen (in dieser Reihenfolge) aus den Regionen Capri (genauer Meta di Sorrento), dem Friaul, Verona, Mailand und Venedig. Nach www.conalco.de/ratgeber/limoncello.

Gelato!

1 Chr. G. D. Stein, *Reise*, 1829, 161.

2 Nach M. Möhring, ›Gastronomie‹, 2011, 155.

3 Das Folgende nach den Akten der Fremdenpolizei 4, 14/4 im Staatsarchiv Bremen und mit dankbarer Benutzung der Vier-Generationen-Fallstudie von Daniela Dethmann: *Eishandel in Bremen. Die Familie Chiamulera* (Magisterarbeit Universität Bremen, Studiengang Kulturwissenschaft, 2004).

4 Er gilt zunächst nur »an Sonntagen nach 2 Uhr Nachmittags« (15.4.1903), später (1906 und 1907) offenbar unlimitiert; am 19.11.1903 erhält er zudem einen »Erlaubnisschein zum Handel mit Eßkastanien und Zuckerwaren an Werktagen« (Bremen, StA 4.14/4, 2).

5 Strafverfügungen vom 29.9.1902, 18.5., 4.6. (Zitat) und 9.9.1903 (Bremen, StA 4.14/4).

6 Strafverfügungen vom 18.8.1911 und 4.6.1912 (Bremen, StA 4.14/4).

7 *Bremer Adressbuch* 1909, 83 u. 765 (Am Markt 11, ›Chiamulera Eishandlung‹); 1910, 86.

8 *Bremer Adressbuch* 1910, 86 (Faulenstr. 7).

9 *Bremer Adressbuch* 1907, 78 (›Eisverkäufer‹, Schnoor 21).

10 Schreiben vom 17.2.1921 an die Polizeidirektion Bremen, Abt. V (Bremen, StA 4.14/4, 13–15).

11 Handschriftliche Stellungnahme (1 Seite), 14.3.1921, gez. Wellmann [?] (Bremen, StA 4.14/4, 19).

12 Beschluss vom 18.3.1921 (Bremen, StA 4.14/4, 21).

13 Der Fall des Bremer Eishändlers erreicht nationale Dimensionen. Sein Rechtsanwalt wendet sich über das Konsulat an die Italienische Botschaft, diese veranlasst das Auswärtige Amt, beim Bremer Senat zu intervenieren. Dieser entscheidet, die Ausweisung »auf Bewährung« nicht zu vollstrecken (29.11.1921); sie wird am 7.9.1939 aufgehoben (Bremen, StA 4.14/4, div. Seiten).

14 *Bremer Adressbuch* 1934, 57.

15 A. Overbeck/D. Osses (Hrsg.), *Leidenschaft*, 2009, 30–37; C. Pause/M. Schulte Beerbühl (Hrsg.), *Gelato!*, 2017, 24–28.

16 Beispiel Bremen: Das Branchenverzeichnis registriert für 1950 einundzwanzig deutsche und vier italienische Eiscafés, im Jahr 1970 ist das Verhältnis 13:8, 1990 dann 9:14 und 2020 schließlich 4:10. Vgl. auch M. Möhring, ›Gastronomie‹, 2011, 156.

17 M. Möhring, *Essen*, 2012, 238.

18 Vgl. M. Frings: ›Hochsaison im Eissalon‹, in: L. Moos, *In Italien*, 1984, 12.

19 M. Zips: ›Spaghetti-Eis, Lebensgefühl mit Sahne‹, in: *Süddeutsche Zeitung*, 30.3.2019.

20 J. W. v. Goethe, *Werke*, Hamburger Ausgabe, Bd. IX, 86 (I, 3).

21 In der Hansestadt Bremen war vor dem Ersten Weltkrieg der Verkauf von Eis an Kinder unter 10 Jahren verboten (siehe oben), in Witten sogar an Personen unter 16 Jahren (A. Overbeck/D. Osses [Hrsg.], *Eiskalte*, 2009, 31). In Düsseldorf forderte die Konditoren-Innung 1911 vom Gesundheitsamt ein Verbot des ambulanten Verkaufs, weil der Genuss von Eis »der Gesundheit der Kinder, die als hauptsächliche Consumenten zu betrachten sind, nachträglich sein könnte« (nach C. Pause/M. Schulte Beerbühl (Hrsg.), *Gelato!*, 2017, 28).

22 Zu den Trends vgl. C. Pause/M. Schulte Beerbühl (Hrsg.), *Gelato!*, 2017, 58–65.

23 Zur Entwicklung der Eiscafé-Typologie vgl. ebd., 41–52.

24 *Der Spiegel* 41/1964 (»Gastarbeiter in Deutschland«), 54.

25 Aus einem Interview mit Giacomo Maturi, in *Der Spiegel*, ebd., 54.

26 Der Pro-Kopf-Verbrauch an Speiseeis (einschließlich Softeis) lag in Deutschland 2019 bei 8,3 Liter pro Person, davon entfielen 88 % Marktanteil auf industriell hergestelltes Markeneis. Nach de.statista.com (18.11.2020).

27 https://www.uniteis.com/de (25.8.2020). Die Rede ist von »9000 handwerklich arbeitenden Eiscafés in Deutschland, von denen aber nur 3300 eine eigene Produktion haben«.

Die Pizza

1 F. Greogorovius, *Siciliana*, 1872, 20.
2 C. Helstosky, *Pizza*, 2008.
3 Deutsches Auswandererhaus (Hrsg.), *Katalog*, 2006, 106; K.J. Bade u.a. (Hrsg.), *Migration*, 2010, 211f.
4 Zur Person vgl. P.W. Regas: ›Who was Gennaro Lombardi?‹, mit Dokumenten in https://pizzahistorybook.com/2019/02/05/who-was-gennaro-lombardi/ (16.3.2020). Abweichende Angaben in en.wikipedia.org/wiki/Lombardi's_Pizza. Das Lokal existiert bis heute.
5 E. Goldschein: ›The Ten Oldest Pizza Joints in New York City‹, in: www.businessinsider.org (17.3.2020).
6 H. Mitgang: ›Pizza a la Mode‹, in: *New York Times*, 12.2.1956, 66.
7 C. Levi: ›Peasants Stir in Groping Italy‹, in: *New York Times*, 14.9.1947, 49, Übersetzung D.R.
8 C. Helstosky, *Pizza*, 2008, 56f.
9 Ebd., 48.
10 Ebd., 49.
11 ›Thousands Flock To Church Fete‹, in: *New York Times*, 17.7.1941.
12 J. Holt: ›News of Food‹, in: *New York Times*, 20.9.1944.
13 M. Serao, *Ventre*, 2016, 48; »Blechbüchsen« erwähnt auch A. Kellner, *Alltägliches*, 1898, 41.
14 In einem Artikel der *New York Times* ›News of Food‹ vom 9.1.1952, der die Hausfrauen ermuntert, sich nach den Feiertagen ein wenig Ruhe zu gönnen und chinesische oder italienische Delivery-Dienste in Anspruch zu nehmen, heißt es: »Die meisten Pizzerien haben Kartonschachteln, die groß genug sind, um selbst die größte Pizza aufzunehmen und nach Hause zu befördern.«
15 Vgl. de.wikipedia.org/Pizzakarton (19.3.2020).
16 Wie Fn. 12.
17 J. Nickerson: ›Hot, Hearty Pizzas‹, in: *New York Times*, 25.5.1947.
18 *Italian Cook Book, adapted of the Italian of Pellegrino Artusi*, New York (S.F. Vanni) [ca.1940] (Library of Congress). Die erste deutsche Übersetzung erschien erst 1982.
19 H. Mitgang: ›Pizza a la Mode‹, in: *New York Times*, 12.2.1956.
20 www.roaminghunger.com/eddies-pizza-truck (24.3.2020).
21 M. Serao, *Ventre*, 2016, 47.
22 C. Helstosky, *Pizza*, 2008, 20.
23 G. Marotta, *L'oro*, 2016, 97–101, *Gold*, 1958, 79–85.
24 S. Masi/E. Lancia, *Loren*, 2001, 53.
25 In Marottas Buchvorlage hilft sie ihrem Mann lediglich, indem sie den Teig vorbereitet, in De Sicas Film wird sie zur Protagonistin. Dabei produziert sie die *pizza fritta* aus der Pfanne, die in der Nachkriegszeit im Straßenbild eine wichtige Rolle spielte (L. Pignataro, *Pizza*, 2018, 168).
26 S. Loren: *In cucina con amore. Rezepte für die italienische Seele*, München 2014.
27 Zur binnenitalienischen Migration vgl. K.J. Bade u.a. (Hrsg.), *Migration*, 2010, 215f. Danach wanderten zwischen 1950 und 1973 ca. 4 Millionen Menschen aus dem Mezzogiorno in den italienischen Norden aus.
28 L. Pignataro, *Pizza*, 2018, 118ff. Informationen ferner nach einem von Maya Nadig und mir geleiteten ethnologischen Feldforschungsprojekt ›Kindheit und Familie an der Amalfiküste‹, 1996. Dazu J.C. Oberg, ›Children writing migration‹, 2005.
29 *Il Mattino*, 17.1.2019; J.C. Oberg, ›Children writing migration‹, 2005, 146.
30 E. Scarpellini, *A tavola*, 2012, 222.
31 In Mailand wurde erst 2017 die erste Filiale von ›Pizza Hut‹ eröffnet, erst seit 2015 gibt es dort einige Niederlassungen von ›Domino's‹.
32 Vgl. dazu Kapitel *Ristorante italiano*.
33 2018 lag der Verbrauch von Tiefkühlpizza in Italien (einschließlich *snacks salati*) bei 91.450 Tonnen, entsprechend 1,49 kg pro Person; in Deutschland bei 343.068 Tonnen, entsprechend 4,23 kg pro Person. Nach *I consumi dei prodotti surgelati in Italia, rapporto 2018* in www.istitutosurgelati.it und www.statista.com/tiefkühlpizza (15.4.2020).

34 P. Klahn, *Urlaub*, 1960, 214.

35 *Baedekers Autoreiseführer Italien*, 1966/67, 46. – Zu anderen anfänglichen Unbeholfenheiten gegenüber der Pizza vgl. M. Möhring, *Essen*, 2012, 248.

36 Das Folgende nach J. A. Gebhardt: ›Wie die Deutschen zur Pizza kamen oder »Capri, die älteste Pizzeria Deutschlands und die Blaue Grotte«‹, in: *Frankenland. Zeitschrift für fränkische Landeskunde und Kulturpflege* 2001, 397–402; ferner wuerzburgwiki.de/Capri_Blaue_Grotte (24.3.2020).

37 Zum deutschen Traumziel Capri in den 1950er Jahren vgl. D. Richter, *Capri*, 2018, 155 f.

38 Das Folgende nach: T. Appelt: ›Italienisch essen im Revier. Wie die Pizza das Ruhrgebiet eroberte‹, in: *Der Westen*, 16.4.2012.

39 Zitate wie vorhergehende Fußnote.

40 Zur Debatte um unterschiedliche Karrieremodelle italienischer Wirte in Deutschland vgl. M. Möhring, ›Gastronomie‹, 2011, 163–165.

41 *Der Spiegel*, Nr. 41/1964, 47.

42 A. Schubert: ›Der Mann, der die Pizza nach München brachte‹, in: *Süddeutsche Zeitung*, 16.2.2016.

43 www.bistorante-franco.de/geschichte (22.4.2020); N. Seehase: ›Generationswechsel im »Ristorante«‹, in: *Schwarzwälder Bote*, 27.2.2012.

44 P. Bernhard: ›»Dolce vita«, »Made in Italy« und Globalisierung‹, in: O. Janz/R. Sala (Hrsg.), *Dolce vita?*, 2011, 62–81, hier 76.

45 https://www.oetker.de/unsere-produkte/ristorante/meilensteine (20.3.2020).

46 www.statista.com/tiefkühlpizza (30.3.2020).

47 Zum Folgenden vgl. auch J. Matzerath, *Pizza*, 2019, und Art. ›Krusta‹ in: de.wikipedia.org (23.4.2020).

48 *Freiheit* vom 2.4.1977, 6 (Berlin); *Freiheit* vom 16.11.1976, 3 (Leipzig).

49 *Freiheit* vom 23.12.1978, 8 (Halle-Neustadt).

50 Es würden »täglich im Wechsel fünf von insgesamt 30 Krusta-Arten angeboten«, berichtet die *Freiheit* vom 2.4.1977, 6 aus der Krustastube im Stadtbezirk Prenzlauer Berg.

51 Speisekarte bb's [= Bernd Boslers] Krusta-Stube vom 17.1.1994. Andere existierten an der Schönhauser Allee und in der Warschauer Straße.

52 ›Krusta-Stube‹, in: *Neues Deutschland* vom 19.1.1980; ›Gastronomen für ihre Leistungen geehrt‹, ebd., 28.11.1981.

53 J. Voigt, *Geschmack*, 2008, 180.

54 ›Ehemalige Krustastube verschwunden‹, in: *Nordkurier* vom 15.11.2007. Vgl. auch H.-J. Heims: ›Einmal Krusta, immer Krusta‹, in: *Süddeutsche Zeitung*, 9.11.1994, 3.

55 J. Matzerath, *Pizza*, 2019.

56 ›Ein Pizza-Buffet nun auch in Eisleben‹, in: *Freiheit*, 31.8.1983, 2.

57 H. Enderlein, *Kochbuch*, 1970, 335, vgl. auch J. Mazerath, *Pizza*, 2019.

58 D. Richter, ›Frage und Antwort. Die Pizza als Weltkulturerbe?‹, Interview Dieter Richters mit Antonio Pace, in: *VOYAGE. Jahrbuch für Reise- und Tourismusforschung* 5 (2002), 89–95 . Das Interview wurde im April 2001 in Neapel geführt. Vgl. ferner www.pizzanapoletana.org

59 www.pizzanapoletana.org/storia (20.4.2020).

60 Verordnung 97/2010 vom 4.2.2010. Gegenüber den strengeren Regeln der AVPN ließ die Kommission in Brüssel verschiedene Kompromisse zu, so (nach Einspruch von Deutschland) im Hinblick auf die Verwendung bestimmter Mehle. – In Italien wird für Qualitätspizza vielfach der Begriff ›Pizza DOC‹ verwendet, erinnernd an das das aus der Weinwirtschaft bekannte Gütesiegel der ›*Denominazione di Origine Controllata*‹.

61 UNESCO, Patrimoine culturel immatériel, nomination 00722 vom 7.12.2017.

62 *Il Mattino*, 7.12.2017, 1.

Ristorante Italiano

1 Zum Folgenden vgl. M. Möhring, *Essen*, 2012, 241–248. Die Gründungen hatten Schwerpunkte zunächst in Großstädten, nicht zuletzt solchen mit einem hohen Anteil an italienischen Migranten.

2 K. J. Bade u.a. (Hrsg.), *Migration*, 2010, 216.

3 Nach M. Möhring, *Essen*, 2012, 244. Zugrunde liegt eine 1983 vom Italieni-

schen Arbeitsministerium aufgrund von Selbstauskünften erstellte Studie aus Berlin und der Region Frankfurt.

4 G. Maturi, *Arbeitsplatz*, 1964, 160.

5 Vgl. T. Manning, *Italiengeneration*, 2011, S. 164–174.

6 M. Barthell, *Italien*, 1952, 37 f.; P. Klahn, *Urlaub*, 1960, 214 ff.; H. Görz, *Ferien*, 1961, 169 ff.; *Baedekers Autoreiseführer Italien*, 1967, 42 f.

7 H. R. Brückmann, *Italianissima*, 1954, 163.

8 A. Capatti, *Storia*, 2014, 57.

9 Felice Cùnsolo: *Italien tafelt, ein kulinarischer Führer*, München 1971.

10 T. Appelt: ›Italienisch essen im Revier. Wie die Pizza das Ruhrgebiet eroberte‹, in: *Der Westen*, 16.4.2012.

11 M. Montanari, *Spaghetti*, 2020, 69.

12 Vgl. dazu auch P. Peter, *Kulturgeschichte*, 2006, 159 f.

13 P. Artusi, *Scienza*, 2017, 79 f. (Nr. 85).

14 Europäische Aktionsgemeinschaft e.V. (Hrsg.): *Italien ist kein Museum*, Bonn [1958], 4.

15 Heinz Rühmann: *Wenn der Vater mit dem Sohne*, 1955; Heinz Erhardt: *Das kann doch unsern Willi nicht erschüttern*, 1970; Loriot: *Die Nudel*, 1977.

16 Vgl. auch P. Peter: ›Service im Kulturvergleich. Über einige Charakteristika deutscher und italienischer Gastlichkeit‹, in: Alois Wierlacher (Hrsg.): *Gastlichkeit. Rahmenthema der Kulinaristik*, Münster 2011, 311–315.

17 M. Möhring, *Essen*, 2012, 262. Ausführlich dazu S. 253–265.

18 Nach M. Möhring, *Essen*, 2012, 243.

19 Nach P. Bernhard: ›»Dolce Vita«, »Made in Italy« und Globalisierung‹, in: O. Janz/R. Sala (Hrsg.), *Dolce Vita?*, 2011, 70.

20 Aus »Spiel nicht mit den Schmuddelkindern« (1965).

21 M. Wunderle: ›Genuß ohne Reue‹, in: J. Humburg (Hrsg.), *Italien*, 1983, 172 f.

22 P. Schneider: *Lenz*, Berlin 1973, 86 f.

23 P. Fischer, *Schlaraffenland*, 1975, 175, 181.

24 Ebd., 80 u. 78.

25 Ebd., 101, 76.

26 T. Scheuer, ›O, Pasta mia!‹, in: *taz*, 15.7.1988.

Dieta mediterranea

1 Zur Geschichte vgl. E. Moro, *Dieta*, 2014, 19–27.

2 E. Moro, *Dieta*, 2014, 26.

3 A. Keys, *Adventures*, 1999, zit. nach E. Moro, *Dieta*, 2014, 26.

4 A. u. M. Keys: *Eat well and stay well*, New York 1959; dt. *Der gesunde Feinschmecker*, Stuttgart 1961.

5 *Der Spiegel* vom 4.10.1961 (›Herzkrankheiten‹); am 26.9.1962 widmete die Zeitschrift dem Thema eine eigene Ausgabe.

6 A. Keys: *Seven Countries. A Multivariate Analysis of Death and Coronary Heart Disease*, Cambridge/Mass. 1980. Beteiligt waren die Länder Italien, Griechenland, Niederlande, Japan, Finnland, Jugoslawien und die USA. Die Zahlen nach A. u. M. Keys, *Dieta*, 2017, 45.

7 A. u. M. Keys, *Dieta*, 2017, 59–68.

8 A. Keys, ›From Napels‹, 1983, 24–26.

9 Ebd., 24.

10 MedEatResearch. Centro di Ricerche sociali sulla Dieta Mediterranea (Università Suor Orsola Benincasa, Neapel).

11 A. u. M. Keys, *Dieta*, 2017, 57.

12 www.unesco.org/archives/multimedia/document-1680 eng-2.

13 Vgl. F. Pollice (Hrsg.): *I paesaggi della Dieta Mediterranea*, Roma 2018, 24 ff., 88 ff. u. a. Zur Aufnahme durch Slow Food vgl. https://www.slowfood.it/mediterra (20.10.2020).

Quellen

Ungedruckte Quellen

Bremen Staatsarchiv (StA) 2 ad B.12.c.1.b
Archiv des ehemaligen Consuls Julius Aselmeyer in Neapel 1836–1861
4.14/4 (Fremdenpolizei): Chiamulera Giovanni

Capri Hotel Quisisana
Gästebücher der Osteria »Zum Kater Hiddigeigei«

Neapel Archivio di Stato (ASN)
Ministero degli Affari Interni

Rom Archivio Storico del Vicariato (ADV)
Stato delle anime, Parocchia Santa Maria del Popolo, anno 1787.1788
Bibliotheca Hertziana (BH): Nachlass Deutscher Künstlerverein.
Die Akten sind inzwischen im Besitz der Casa di Goethe

Weimar Goethe-Schiller-Archiv (GSA)
GSA 25/XXVII, N, 1
Ausgabenheft von Goethes Hand, überschrieben Reise Cassa, vom 3.9.1786 bis 12.2.1787 (Abreise nach Neapel), 9 Seiten, zweispaltig
GSA 25/XXVII, N, 4
Abrechnungen von Sante Serafino Collina über Aufwendungen für Essen und Trinken, 1.6.1787 bis 21.4.1788, 44 Seiten, zweispaltig

Gedruckte Quellen

Addison, Joseph: *Anmerkungen über verschiedene Theile von Italien*, Altenburg 1752 (= *Remarks on Several Parts of Italy*, London 1705).
Allers, Christian Wilhelm: *Gästebuch der Villa Allers auf Capri 1892–1902*, hrsg. u. kommentiert von Gerd Fahrenhorst, 3. Aufl., Hannover (Privatdruck) 2011.
Allmers, Hermann: *Römische Schlendertage*, 11. Aufl., Oldenburg u. Leipzig 1904 [EA 1869. Aufenthalt 1858/59].
Artusi, Pellegrino: *La scienza in cucina e l'arte di mangiar bene.* Ristampa integrale dell'edizione originale [1891], Firenze 2017.
Baedeker, Karl: *Italien*, 1874 u. 1908.
Baedeker, Karl: *Italien. Handbuch für Reisende*, 3. Theil: *Unter-Italien und Sicilien*. 6. Aufl., Leipzig 1880.
Baedeker, Karl: *Italien von den Alpen bis Neapel*, 8. Aufl., Leipzig 1931.
Baedeker, Karl: *Mittelitalien*, 1874.
Baedeker, Karl: *Unteritalien*, 1895 *u.* 1936.
Baedekers Autoreiseführer, 1962.
Baedekers Autoreiseführer Italien, 1966/67 u. 1967.
Baedekers Autoreiseführer Mittel- und Unteritalien, 4. Aufl., Stuttgart 1966/67.
Barth, Hans: *Est! Est! Est! Italienischer Schenkenführer*, Oldenburg 1900.
Barth, Hans: *Osteria. Kulturgeschichtlicher Führer durch Italiens Schenken von Verona bis Capri*, Stuttgart 1908.
Barthell, Max: *Italien. Illustriertes Touristen-Handbuch für Reisen und Ferien*, Zürich 1952 (Stauffacher Reiseführer).
Basile, Giambattista: Das Märchen der Märchen. Das Pentamerone, hrsg. v. Rudolf Schenda, München 2000 (it.: Lo cunto de li cunti, a cura di Michele Rak, Milano 1986).
Beckford, Peter: *Familiar Letters from Italy, to a Friend in England*, vol. II, Salisbury 1805 [Reise 1787].
Beckmann, Johann: *Vorbereitung zur Waarenkunde oder zur Kenntniß der vornehmsten ausländischen Waaren*, 4. Stück, Göttingen 1794.
Benkowitz, Carl Friedrich: *Das italienische Kabinet oder Merkwürdigkeiten aus Rom und Neapel*, Leipzig 1804.
Berliner Adressbuch 1934.
Blessington, Marguerite: *The Idler in Italy*, vol. II, London 1839 [Reise 1824/24].
Bonstetten, Viktor von: *Schriften über Italien 1800–1808*, 2 Bände, Göttingen 2008.

Bremer Adressbuch 1907, 1909, 1910, 1934.
Breve descrizione della città di Napoli e del suo contorno, Napoli 1792.
Bourcard, Francesco de (ed.): *Usi e costumi di Napoli e contorni*, Milano 1955 [EA Napoli 1853/1858].
Brockes, Barthold Hinrich: *Irdisches Vergnügen in Gott*, Bd. IX, Hamburg 1748.
Brückmann, Helmut R.: *Italianissima. Ein Brevier für Italienreisende*, München 1954.
Caterina von Siena: *Sämtliche Briefe, An die Männer der Kirche*, Kleinhain 2005.
Collodi, Carlo: *Il viaggio per l´Italia di Giannettino*, 3 Bände, 2. Aufl., Florenz 1891.
Craven, Richard Keppel: *A Tour Through the Southern Provinces of the Kingdom of Naples*, London 1821.
Curtius, Andreas: *Erinnerungen aus Italien*, Bonn 1910.
Curtius, Andreas: *Italien. Plaudereien über Land und Leute*, Bonn 1910.
Dickens, Charles: *Bilder aus Italien*, Frankfurt, Wien u. Zürich 1981 (engl.: *American Notes and Pictures from Italy*, London 1903).
Dumas, Alexandre: *Impressions de voyage. Le Corricolo*, Paris 1897 [Reise 1835].
Egeria. Sammlung italienischer Volkslieder aus mündlicher Überlieferung und fliegenden Blättern, begonnen von Wilhelm Müller, vollendet von O. L. B. Wolff, Leipzig 1829.
Enderlein, Hanna: *Unser großes Kochbuch*, 9. Aufl., Leipzig 1970.
Erhart, Peter/Collarile, Luigi: *Itinera Italica. Römische Tagebücher aus dem Kloster St.Gallen*, 2 Bände, Wien u. Bozen 2015/2016.
Fernow, Carl Ludwig: *Leben des Künstlers Asmus Jakob Carstens, ein Beitrag zur Kunstgeschichte des 18. Jahrhunderts*, Leipzig 1806.
Ferrari, Giovanni Baptista: *Hesperides sive de malorum aureorum cultura et usu*, Rom 1646.
Fischer, Peter: *Schlaraffenland, nimms in die Hand*, Berlin 1975.
Förster, Ernst: *Handbuch für Reisende in Italien*, 4. Aufl., mit einem Wegweiser für Leidende von Dr. Rudolph Wagner, München 1848.
F[örster], F[riedrich]: *Briefe eines Lebenden*, herausgegeben von F. F., Bd. II, Berlin 1831.
Führich, Joseph von: *Briefe aus Italien an seine Eltern 1827–1829*, Freiburg 1883.
Galanti, Joseph [Giuseppe] Maria: *Neue historische und geographische Beschreibung beider Sicilien*, 2 Bände, Leipzig 1790 (= *Nuova descrizione storica e geografica delle Sicilie*, Napoli 1788).
Gerhardt, Luise: *Carl Ludwig Fernow*, Leipzig 1908.
Goethe, August von: *Auf einer Reise nach Süden. Tagebuch 1830*, hrsg.v. Andreas Beyer und Gabriele Radecke, München 1999.
Goethe, Johann Caspar: *Reise durch Italien im Jahre 1740*, München 1986.
Goethe, Johann Wolfgang: *Im Schatten der Revolution. Briefe, Tagebücher und Gespräche 1786–1794*, hrsg. v. Karl Eibl, Frankfurt 1991.
Goethe, Johann Wolfgang: *Italienische Reise*, hrsg. v. Christoph Michel und Hans-Georg Dewitz, 2 Bände, Frankfurt 1993.
Görz, Heinz: *Ferien in Italien. Ein praktischer Reiseführer*, München 1961.
Gregorovius, Ferdinand: *Siciliana. Wanderungen in Neapel und Sicilien*, 3. Aufl., Leipzig 1872 [EA 1861].
Grimm, Ludwig Emil: *Erinnerungen aus meinem Leben*, hrsg. v. A. Stoll, Leipzig 1913 [Aufenthalt 1816].
Gsell Fels, Theodor: *Unter-Italien und Sizilien*, 3. Aufl., Leipzig 1889.
Hahn-Hahn, Ida von: *Jenseits der Berge*, 2 Bände, Leipzig 1845.
Hartig, Joachim (Hrsg.): *Klaus Groth auf Capri. Die Chronik einer Winterreise in Briefen*, Heide 1996.
Hehn, Victor: *Italien. Ansichten und Streiflichter*, 11. Aufl., Berlin 1912.
Humburg, Jürgen u.a. (Hrsg.): *Italien. Ein Reisebuch in den Alltag*, Reinbek 1983 (»Anders reisen«).
Jousiffe, M. J.: *A Road Book for Travellers in Italy*, Brussels 1840.
Kellner, August: *Alltägliches aus Neapel*, Leipzig 1898.
Klahn, Peter: *Urlaub in Italien. Ein Reiseführer für Menschen von heute*, Gütersloh 1960.
Knigge, Adolph Freiherr von: *Über den Umgang mit Menschen* [1788], hrsg. v. G. Ueding, Frankfurt 1977.
König, Joseph/Rumohr, Carl Friedrich: *Geist der Kochkunst*, hrsg. v. C. F. v. Rumohr, 2. Aufl., Stuttgart u. Tübingen 1832.

Krünitz, Johann Georg: *Oeconomische Encyclopädie oder Allgemeines System der Land-, Haus- und Staatswirthschaft*, Bd. VIII, Berlin 1776.
Lewald, Fanny: *Römisches Tagebuch 1845/46*, hrsg. v. Heinrich Spiero, Leipzig 1927.
Louise von Anhalt-Dessau: *Die originalen Tagebücher der Fürstin Louise Henriette Wilhelmine von Anhalt-Dessau*, Auszüge aus den Jahren 1795–1811, bearb. v. Ingo Pfeifer u. a., Halle 2010.
Loren, Sophia: *In cucina con amore*, Milano 1971.
Marotta, Giuseppe: *Das Gold von Neapel*, Frankfurt 1958 (it.: *L'oro di Napoli*, Milano 2016, EA 1947).
Massin, Robert: *Händlerrufe aus europäischen Städten*, München 1978.
Mayer, Karl August: *Neapel und die Neapolitaner*, 2 Bände, Oldenburg 1840.
[Miller, Lady Anna:] *Letters from Italy*, describing the Manners, Customs, Antiquities, Paintings etc. of that Country, 2 voll., London 1777 [Reise 1770/71].
Montaigne, Michel de: *Tagebuch der Reise nach Italien über die Schweiz und Deutschland*, hrsg. v. Hans Stilett, Frankfurt 2002 [Reise 1580].
Moos, Ludwig (Hrsg.): *In Italien. Eindrücke vom Stiefel*, Reinbek 1984 (»Anders reisen«).
Moritz, Karl Philipp: *Reisen eines Deutschen in Italien*, Berlin u. Weimar 1973.
Müller, Wilhelm: *Rom, Römer und Römerinnen*, 2. Auflage, Berlin 1983.
Müller, Wilhelm: *Werke*, hrsg. v. M.-V. Leistner u.a., 5 Bände, Berlin 1994.
Münter, Friedrich: *Aus den Tagebüchern Friedrich Münters*, hrsg. v. Ojvind Andreasen, 3 Bände, Kopenhagen u. Leipzig 1937.
Murray, John: *A Handbook for Travellers in Central Italy*, 2 Bände, London 1853.
Murray, John: *A Handbook for Travellers in Northern Italy*, 4th ed., London 1852.
Murray, John: *A Handbook for Travellers in Southern Italy*, London 5th ed. 1865, 8th ed. 1878.
Nicolai, Friedrich: *Beschreibung der Königlichen Residenzstädte Berlin und Potsdam*, Berlin 1769.
Nicolai, Gustav: *Italien wie es wirklich ist. Bericht über eine merkwürdige Reise in den hesperischen Gefilden, als Warnungsstimme für Alle, welche sich dahin sehnen*, 2 Bände, 2. Aufl., Leipzig 1835 [EA 1834].
Oheim, Gertrud: *Einmaleins des guten Tons*, 21. Aufl., Gütersloh 1958.
Paradisus Deliciarum Italiae Das ist Eigentliche Beschreibung, was durch gantz Italien in allen Städten und Orten denckwürdig zu sehen ist, Würzburg 1657.
Pieper, Wilfried: *Briefe aus Italien*, Hannover 1882.
Platen, August von: *Der Briefwechsel*, hrsg. v. Paul Bornstein, 4 Bände, München 1931.
Richter, Ludwig: *Lebenserinnerungen eines deutschen Malers*, hrsg. v. Heinrich Richter, Leipzig 1909.
[Reichard, Heinrich August Ottokar:] *Handbuch für Reisende aus allen Ständen*, 2. Aufl., Leipzig 1793.
Roßmann, Wilhelm: *Vom Gestade der Cyklopen und Sirenen*, Leipzig 1869.
Rückert, Friedrich: *Gedichte von Rom und andere Texte der Jahre 1817–1818*, bearbeitet von Claudia Wiener, Göttingen 2000.
Rumohr, Karl Friedrich von: *Geist der Kochkunst*, Frankfurt 1978.
Schellhammer, Maria Sophia: *Das Brandenburgische Koch-Buch oder Die wohlunterwiesene Köchinn* [1692], Berlin 1723.
Schramm, Rudolf: *Italienische Skizzen. Wanderungen durch Rom und Neapel*, Leipzig, 1881 [Aufenthalt 1879].
Schuchhardt, Carl: *Aus Leben und Arbeit*, Berlin 1944.
Seume, Johann Gottfried: *Spaziergang nach Syrakus im Jahre 1802*, Nördlingen 1985.
Sharp, Samuel: *Letters from Italy, describing the customs and manners of that country in the years 1765 and 1766*, London 1766.
Shelley, Mary: *Streifzüge durch Deutschland und Italien in den Jahren 1840, 1842 und 1843*, hrsg. v. Nadine Erler, Bd. I, Wiesbaden 2017.
Sirius, Peter [d.i. Otto Kimmig]: *Kennst du das Land? Wander- und Wundertage in Italien und Sicilien*, 2. Aufl., Leipzig u. Zürich [1897], [EA München 1896].
Stahr Adolf: *Ein Jahr in Italien*, Bd. I, 3. Aufl., Oldenburg 1863 [Aufenthalt 1845].
Stahr, Adolf/Lewald, Fanny: *Ein Winter in Rom*, 2. Aufl., Berlin, 1871 [Aufenthalt 1866/67].
Stein, Christian Gottfried Daniel: *Reise durch Italien*, Leipzig 1829.

Stinde, Julius: *Buchholzen's in Italien*, 53. Aufl., Berlin 1890.
Tomasi di Lampedusa, Giuseppe: *Il Gattopardo*, Milano 1976.
Vigée-Lebrun, Louise-Elisabeth: *Die Erinnerungen der Malerin Vigée-Lebrun*, 2 Bände, Weimar 1912.
Volkamer, Johann Christoph: *Nürnbergische Hesperides oder Gründliche Beschreibung der Citronat- Citronen- und Pomerantzen-Früchte*, Nürnberg 1708.
Volkmann, Johann Jacob: *Historisch-kritische Nachrichten von Italien*, Bd. III, Leipzig 1778.
Voß, Richard: *Du mein Italien. Aus meinem römischen Leben*, 2./3. Aufl., Stuttgart u. Berlin 1910.
Waiblinger, Wilhelm: *Werke und Briefe*, hrsg. v. Hans Königer, 5 Bände, Stuttgart 1980–1989.
Widmann, Joseph Viktor: *Calabrien – Apulien und Streifereien an den oberitalienischen Seen*, Frauenfeld 1904 [Reise 1903].
Widmann, Joseph Viktor: *Rector Müslin's Italiänische Reise*, Zürich 1881.
Wiesel, Johann Maximilian: *Das neue Osterienbuch. Kulturgeschichtlicher und gastronomischer Führer durch die italienischen Schenken, Osterien und Tavernen*, Rom u. Leipzig 1937.
Winckelmann, Johann Joachim: *Briefe*, hrsg. v. W. Rehm, 3 Bände, Berlin 1952.
Zacher, Albert: *Herr Assessor Assemacher in Italien. Freuden und Leiden eines rheinischen Jubiläumspilgers*, Frankfurt 1902.
Zacher, Albert: *Römisches Volksleben der Gegenwart*, Stuttgart, 1910.
Zedler, *Universal-Lexikon*, 1745, Bd. 28.

Literatur

Augel, Johannes: *Italienische Einwanderung und Wirtschaftstätigkeit in rheinischen Städten des 17. und 18. Jahrhunderts*, Bonn 1971.
Bade, Klaus J. u. a. (Hrsg.): *Enzyklopädie Migration in Europa. Vom 17. Jahrhundert bis zur Gegenwart*, Paderborn u. a. 2010.
Baum, Hans-Peter: ›Zum Südwarenangebot auf dem Würzburger Markt im Jahre 1725‹, in: Ulrich Wagner (Hrsg.): *Geschichte der Stadt Würzburg*, Bd. II, Stuttgart 2004, 445–447.
Beck, Rainer: ›Lemonihändler. Welsche Händler und die Ausbreitung der Zitrusfrüchte im frühneuzeitlichen Deutschland‹, in: *Jahrbuch für Wirtschaftsgeschichte* 2004/2, 97–123.
Black, Jeremy: *Italy and the Grand Tour*, New Haven 2003.
Capatti, Alberto: ›Nascita del turismo gastronomico in Italia‹, in: Claudio Stroppa (ed.): *Cibo, società e scienza dell'alimentazione*, Roma 2007, 283–312.
Capatti, Alberto: *La storia della cucina italiana*, Milano 2014.
Deutsches Auswandererhaus Bremerhaven (Hrsg.): *Katalog*, Bremerhaven 2006.
Engelmann, Alfred: ›Die Brentano vom Comersee. Zu ihrer Soziallage und entwicklung als Familie‹, in: Konrad Feilchenfeldt/Luciano Zagari (Hrsg.): *Die Brentano. Eine europäische Familie*, Tübingen 1992, 17–28.
Esch, Arnold/Petersen, Jens (Hrsg.): *Deutsches Ottocento. Die deutsche Wahrnehmung Italiens im Ottocento*, Tübingen 2000.
Gleijeses, Vittorio: *Feste, Farina e Forca*, 3. Aufl., Napoli 1977.
Gropp, Stephanie: ›Von gefallenen Früchten bis Brausepulver. Handel und Konsum von Zitrusfrüchten im 19. und 20. Jahrhundert‹, in: Yasmin Doosry (Hrsg.): *Die Frucht der Verheißung*, Nürnberg 2011, 339–350.
Helstosky, Carol: *Pizza. A Global History*, London 2008.
Janz, Oliver/Sala, Roberto (Hrsg.): *Dolce vita? Das Bild der italienischen Migranten in Deutschland*, Frankfurt 2011.
Keys, Ancel and Margaret: *How to Eat Well and Stay Well. The Mediterranean Way*, New York 1975 (ital. *La dieta mediterranea. Come mangiare bene e stare bene*, Bra 2017).
Keys, Ancel: ›From Naples to Seven Countries. A Sentimental Journey‹, in: *Progress in Biological Pharmacology* 19 (1983), 1–30.

Keys, Ancel: *Adventures of a Medical Scientist. Sixty Years of Research in Thirteen Countries*, Memphis 1999.
Kufeke, Kay: *Himmel und Hölle in Neapel. Mentalität und diskursive Praxis deutscher Neapelreisender um 1800*, Köln 1999.
Le rotte del cibo: Commercio alimentare tra Napoli e il mondo. Mostra documentaria Napoli (ASN) 2016.
Manning, Till: *Die Italiengeneration. Stilbildung durch Massentourismus in den 1950er und 1960er Jahren*, Göttingen 2011.
Masi, Stefano/Lancia, Enrico: *Sophia Loren*, Roma 2001.
Maturi, Giacomo: *Arbeitsplatz Deutschland. Wie man südländische Gastarbeiter verstehen lernt*, Mainz 1964.
Maurer, Golo: *Preußen am Tarpejischen Felsen. Chronik eines absehbaren Sturzes*, Regensburg 2005.
Matzerath, Josef: *Pizza in der DDR*, 9.12.2019, in www.ernaehrungsgeschichte.de (23.4.2020).
Möhring, Maren: ›Die italienische Gastronomie in der bundesdeutschen Wahrnehmung‹, in: Janz, Oliver/Sala, Roberto (Hrsg.): *Dolce vita? Das Bild der italienischen Migranten in Deutschland*, Frankfurt 2011, 153–176.
Möhring, Maren: *Fremdes Essen. Die Geschichte der ausländischen Gastronomie in der Bundesrepublik Deutschland*, München 2012.
Montanari, Massimo: *Der Hunger und der Überfluß. Kulturgeschichte der Ernährung in Europa*, München 1999.
Montanari, Massimo: *Il mito delle origini. Breve storia degli spaghetti al pomodoro*, Bari u. Roma 2019 (dt. *Spaghetti al pomodoro. Kurze Geschichte eines Mythos*, Berlin 2020).
Moro, Elisabetta: *La dieta mediterranea. Mito e storia di uno stile di vita*, Bologna 2014.
Niola, Marino: *Sui palchi delle stelle. Napoli, il sacro, la scena*, Roma 1995.
Nitti, Francesco Saverio/De Masi, Domenico: *Napoli e la questione meridionale*, Napoli 2004.
Noack, Friedrich: *Deutsches Leben in Rom 1700–1900*, Stuttgart 1907.
Nürnbergische Hesperiden und Orangeriekultur in Franken, Petersberg 2011 (= Orangeriekultur, 7).
Oberg, Jan C.: ›Children Writing Migration: Views from a Southern Italy Mountain Village‹, in: Jacqueline Knörr (Hrsg.): *Childhood and Migration*, Bielefeld 2005, 137–154.
Overbeck, Anne/Osses, Dietmar (Hrsg.): *Eiskalte Leidenschaft. Italienische Eismacher im Ruhrgebiet*, Essen 2009.
Pause, Carl/Schulte Beerbühl, Margrit (Hrsg.): *Gelato! Italienische Eismacher am Niederrhein*, Neuss 2017.
Peter, Peter: *Cucina & Cultura. Kulturgeschichte der italienischen Küche*, München 2006.
Pignataro, Luciano: *La Pizza. Una storia contemporanea*, Milano 2018.
Pommeranz, Johannes: ›»Schöne Zitron und Appelsina«. Die Anfänge des transalpinen Zitrushandels und seine Bildquellen‹, in: Yasmin Doosry u.a. (Hrsg.), *Die Frucht der Verheißung. Zitrusfrüchte in Kunst und Kultur*, Ausstellungskatalog Nürnberg 2011, 307–335.
Richter, Dieter: *Schlaraffenland. Geschichte einer populären Utopie* [1984], Frankfurt 1995 [Neuauflage Frankfurt 2014].
Richter, Dieter (Hrsg.): *Fremdenverkehr und lokale Kultur*, Bremen 1999.
Richter, Dieter: ›Zur sozialen Bedeutung des Essens und lokaler gastronomischer Traditionen in einer süditalienischen Fremdenverkehrs-Region‹, in: Dieter Richter (Hrsg.): *Fremdenverkehr und lokale Kultur*, Bremen 1999, 152–169.
Richter, Dieter: ›Reisen und Schmecken. Wie die Deutschen gelernt haben, italienisch zu essen‹, in: *VOYAGE. Jahrbuch für Reise- und Tourismusforschung* 5 (2002), 17–29.
Richter, Dieter: *Neapel. Biographie einer Stadt*, Berlin 2005.
Richter, Dieter: *Von Hof nach Rom: Johann Christian Reinhart. Ein deutscher Maler in Italien. Eine Biographie*, Berlin 2010.
Richter, Dieter: *Die Insel Capri. Ein Portrait*, Berlin 2018.
Richter, Dieter: *Fontane in Italien*, Berlin 2019.
Scarpellini, Emanuela: *A tavola! Gli italiani in sette pranzi*, Bari 2012.

Schroedter, Beate: *Porträts deutscher Künstler in Rom zur Zeit der Romantik*, Ruhpolding u. Mainz 2008.
Schuster, Peter-Klaus (Hrsg.): *Carl Blechen. Zwischen Romantik und Realismus*, München 1990.
Serao, Matilde: *Il ventre di Napoli* [1884], Milano 2016.
Thoms, Ulrike: ›Sehnsucht nach dem guten Leben. Italienische Küche in Deutschland‹, in: Ruth-Elisabeth Mohrmann (Hrsg.): *Essen und Trinken in der Moderne*, Münster 2006, 23–62.
Thoms, Ulrike: *Von der Migranten- zur Lifestyleküche. Die Karriere der italienischen Küche in Europa*. EGO. Europäische Geschichte Online, 3.12.2010.
Voigt, Jutta: *Der Geschmack des Ostens. Vom Essen, Trinken und Leben in der DDR*, Berlin 2008.
Wierlacher, Alois (Hrsg.): *Kulinaristik des Frühstücks. Analysen, Theorien, Perspektiven*, München 2018.
Zapperi, Roberto: *Das Inkognito. Goethes ganz andere Existenz in Rom*, München 1999.

Bildquellennachweis

A. Spühler, *Meine Reise in Italien:* S. 12, 25; Sammlung Dieter Richter: S. 14, 17, 27, 40, 61, 78, 95, 97, 104, 118, 127, 131, 137, 144; Francesco de Bourcard: *Usi e costumi di Napoli e contorni*, Napoli 1853/1858: S. 28, 31, 42, 44; Wikimedia Commons: S. 48, 116; J. M. Wiesel: *Das neue Osterienbuch*, Rom/ Leipzig 1937 (Anzeigenteil): S. 50; München, Bayerische Staatsgemäldesammlungen (Bildarchiv Prometheus): S. 56; Weimar, Stiftung Klassik: S. 59; Frankfurt, Freies Deutsches Hochstift, Inv. Nr. Ia-kl, 15003: S. 65; Die Porta Capuana in Neapel (Detail). München, Neue Pinakothek (Bildarchiv Prometheus) S. 68; Staatsarchiv Bremen: S. 71; Hans Barth: Osteria, Stuttgart 1908 (Anzeigenteil): S. 76; Robert Massin, *Händlerrufe aus europäischen Städten*, München 1978: S. 80; J. C. Volkamer, *Nürnbergische Hesperiden* (1708): S. 83; *Das Brandenburgische Koch-Buch*, Berlin 1723: S. 89; Orangenpapier-Museum Salzgitter. Mit freundlicher Genehmigung von Dirik von Oettingen: S. 91; *Weser-Kurier* vom 19.6.2016: S. 99; Label Lombardi's Pizza: S. 108; Luciano Pignataro: *La Pizza, Una storia contemporanea*, Milano 2018: S. 113; Rudolf Scheibe: S. 125; © Alamy: S. 133; Verlag Klaus Wagenbach: S. 141.

© Ezzelino v. Wedel

Dieter Richter, geboren 1938 in Hof/Bayern, ist Literaturwissenschaftler und Autor zahlreicher Bücher zur europäischen Kulturgeschichte. Er lebt in Bremen und Süditalien.

Bücher von Dieter Richter bei Wagenbach

Das Meer

Geschichte der ältesten Landschaft

Die Frage nach dem Ursprung aller Dinge lautet auch: Wie kommt das Salz ins Meer? Dieter Richter beginnt seine souverän geschriebene Kulturgeschichte bei den Schöpfungsmythen des Meeres und endet in unserer Zeit des ansteigenden Meeresspiegels. Dazwischen jede Menge Badelust, Tiefseeforschung und Mondnächte auf Capri!

Gebunden mit Schildchen. 240 Seiten. mit vielen Abbildungen

Der Süden

Geschichte einer Himmelsrichtung

Vom Süden in der antiken Welt zur Capri-Sonne der 1950er Jahre, von der Entdeckung der Südseeinsel Tahiti bis zur heutigen Sehnsucht nach Strand, Palmen und blauem Meer: Der Süden leuchtet! Dorthin zeigt die Kompassnadel des Glücks.

Leinen mit Prägung und aufgeklebtem Schildchen
208 Seiten mit vielen Abbildungen

Fontane in Italien

»Wie leicht ist es geworden, Italien zu besuchen!« Theodor Fontane war einer der ersten modernen Touristen, die mit der Eisenbahn in den Süden reisten. Und man ahnt schon, welche Landschaft der Dichter am Ende mehr schätzte: die Mark Brandenburg oder den Golf von Neapel.

Mit zwei Stadtbeschreibungen aus dem Nachlass
SVLTO. Rotes Leinen. Fadengeheftet. 144 Seiten

Goethe in Neapel

An der dauernden Italiensehnsucht der Deutschen hat Goethes Italienische Reise großen Anteil. In Neapel kulminieren Glücksgefühl und Befremden des fahrenden Nordmenschen. Dieter Richter begibt sich – gewohnt kenntnisreich – auf eine höchst unterhaltsame Spurensuche.

SVLTO. Rotes Leinen. Fadengeheftet. 144 Seiten

Die Insel Capri

Ein Portrait

Dieter Richter – ausgewiesener Kenner des italienischen Südens – geht der Faszination nach, die das winzige Eiland im Golf von Neapel ausstrahlt. Ein neuer, überraschender Blick auf die Landschaft, Geschichte und Kultur der Insel Capri.

WAT 795. Broschiert. 224 Seiten mit vielen Abbildungen

Der Vesuv

Geschichte eines Berges

Die faszinierende Geschichte eines Berges, der seit Jahrhunderten Angst und Schrecken verbreitet und zugleich eine unwiderstehliche Anziehungskraft ausübt – verfasst von einem der besten Kenner des Golfs von Neapel.

WAT 807. Broschiert. 240 Seiten mit vielen Abbildungen

Neapel

Biographie einer Stadt

Eine umfassende Kulturgeschichte Neapels von den vorchristlichen Anfängen über die »Grand Tour« bis heute. Leicht fasslich, mit vielen Neuentdeckungen und sogar: konkurrenzlos!

WAT 509. Broschiert. 304 Seiten

Con gusto erschien im Herbst 2021 als 263. *SVLTO.*

3. Auflage 2023

 Emser Straße 40/41
10719 Berlin www.wagenbach.de
Covergestaltung Julie August unter Verwendung einer colorierten Fotografie »Mangiamaccheroni«. Gesetzt aus der Minion Pro. Vorsatzpapier von peyer Graphic, Leonberg. Leinen von Gebr. Schabert, Strullendorf. Gedruckt und gebunden bei Beltz Grafische Betriebe, Bad Langensalza. Printed in Germany.

ISBN 978 3 8031 1362 7